Thorsten Blaufelder

Schwerbehindertenrecht

Fragen und Antworten

Mit Online-Quiz unter
www.bund-verlag.de/faq-quiz

Thorsten Blaufelder

Schwerbehindertenrecht

Praxistipps
Gesetzliche Regelungen
Mitbestimmung für Betriebs- und Personalräte

BUND
VERLAG

Im Interesse einer besseren Lesbarkeit wird davon abgesehen, bei Fehlen einer geschlechtsneutralen Formulierung sowohl die männliche als auch weitere Formen aufzuführen. Die gewählten Formulierungen gelten deshalb uneingeschränkt für die weiteren Geschlechter.

Bibliografische Informationen der Deutschen Nationalbibliothek
Die Deutsche Nationalbibliothek verzeichnet diese Publikation in der Deutschen Nationalbibliografie; detaillierte bibliografische Daten sind im Internet über *http://dnb.d-nb.de* abrufbar.

Umschlag: fsvk designbüro für visuelle kommunikation, Großostheim
Satz: Dörlemann Satz, Lemförde
Druck: Druckerei C. H. Beck, Bergerstraße 3, 86720 Nördlingen

ISBN 978-3-7663-7637-4

kontakt@bund-verlag.de
www.bund-verlag.de

Inhaltsverzeichnis

Abkürzungsverzeichnis

Abs.	Absatz
AGG	Allgemeines Gleichbehandlungsgesetz
ArbGG	Arbeitsgerichtsgesetz
ArbStättV	Arbeitsstättenverordnung
ArbZG	Arbeitszeitgesetz
Art.	Artikel
ASiG	Arbeitssicherheitsgesetz
AÜG	Arbeitnehmerüberlassungsgesetz
BAG	Bundesarbeitsgericht
BDSG	Bundesdatenschutzgesetz
BEM	Betriebliches Eingliederungsmanagement
BetrVG	Betriebsverfassungsgesetz
BFSG	Barrierefreiheitsstärkungsgesetz
BGB	Bürgerliches Gesetzbuch
BGG	Behindertengleichstellungsgesetz
BITV 2.0	Barrierefreie-Informationstechnik-Verordnung
BMAS	Bundesministerium für Arbeit und Soziales
BPersVG	Bundespersonalvertretungsgesetz
Buchst.	Buchstabe
BUrlG	Bundesurlaubsgesetz
BVerfG	Bundesverfassungsgericht
BVerwG	Bundesverwaltungsgericht
bzw.	beziehungsweise
d. h.	das heißt
DSGVO	Datenschutz-Grundverordnung
EAA	Einheitliche Ansprechstellen für Arbeitgeber
EG	Europäische Gemeinschaft

EN	Europäische Norm
EStG	Einkommensteuergesetz
etc.	et cetera
EU	Europäische Union
EuGH	Europäischer Gerichtshof
f., ff.	folgende, fortfolgende
GdB	Grad der Behinderung
GewO	Gewerbeordnung
GG	Grundgesetz
ggf.	gegebenenfalls
GSBV	Gesamtschwerbehindertenvertretung
IFD	Integrationsfachdienst
IT	Informationstechnik
i. V. m.	in Verbindung mit
Kfz	Kraftfahrzeug
KI	Künstliche Intelligenz
KSchG	Kündigungsschutzgesetz
Nr.	Nummer
ÖPNV	öffentlicher Personennahverkehr
PC	Personal Computer
RDG	Rechtsdienstleistungsgesetz
SBV	Schwerbehindertenvertretung
SchwbAV	Schwerbehinderten-Ausgleichsabgabeverordnung
SchwbVWO	Wahlordnung Schwerbehindertenvertretungen
SGB	Sozialgesetzbuch
SGG	Sozialgerichtsgesetz
StVO	Straßenverkehrs-Ordnung
TBD	Technischer Beratungsdienst
TzBfG	Teilzeit- und Befristungsgesetz
UN	Vereinte Nationen (United Nations)
VersMedV	Versorgungsmedizin-Verordnung
VMG	Versorgungsmedizinische Grundsätze
WCAG	Web Content Accessibility Guidelines (Richtlinien für barrierefreie Webinhalte)
WHO	Weltgesundheitsorganisation (World Health Organization)

Einleitung

Teilhabe am Arbeitsleben ist für Menschen mit Behinderung mehr als ein wohlklingender Programmsatz: Sie ist gesetzlicher Auftrag, betriebliche Gestaltungsaufgabe und für die Betroffenen ein Stück gelebter Selbstbestimmung. Das Schwerbehindertenrecht des SGB IX spannt dafür ein dichtes Netz aus Rechten und Pflichten – vom besonderen Kündigungsschutz über Zusatzurlaub und behinderungsgerechte Beschäftigung bis zu Förderleistungen, Ausgleichsabgabe und unterstützenden Diensten. Dieses Netz trägt allerdings nur dort, wo es im Betrieb bekannt ist und genutzt wird.

Genau daran fehlt es in der Praxis erstaunlich oft. Beschäftigte zögern, ihre Schwerbehinderung offenzulegen, weil sie Nachteile fürchten. Mancher Arbeitgeber nimmt seine Pflichten erst ernst, wenn Integrationsamt oder Arbeitsgericht ihn daran erinnern. Und die Interessenvertretungen stehen vor einer Querschnittsmaterie, die weit über das SGB IX hinausreicht – in das Allgemeine Gleichbehandlungsgesetz, das Betriebsverfassungsgesetz, die Personalvertretungsgesetze, das Datenschutzrecht und eine Reihe von weiteren Verordnungen. Wer hier sicher handeln will, braucht verlässliche Antworten, die schnell auffindbar und ohne juristisches Studium verständlich sind.

Diese Orientierungshilfe richtet sich an alle, die im Betrieb und in der Dienststelle Verantwortung für die Teilhabe schwerbehinderter Menschen tragen: an Betriebsräte, die die Eingliederung schwerbehinderter Menschen zu fördern haben (§ 176 SGB IX), an die Schwerbehindertenvertretung (SBV) als gewählte Interessenvertretung der schwerbehinderten und gleichgestellten Beschäftigten, an Personalräte im öffentlichen Dienst sowie an Personalverantwortliche und an Beschäftigte, die ihre eigenen Rechte kennen und durchsetzen wollen.

Die 150 Fragen und Antworten führen in fünfzehn Abschnitten durch das gesamte Rechtsgebiet: von den Grundbegriffen und Akteuren über Anerkennung, Grad der Behinderung und Gleichstellung, Ausweis und Nachteilsausgleiche, Offenlegung und Datenschutz, Bewerbung und Einstellung, behinderungsgerechte Beschäftigung, Zusatzurlaub und Mehrarbeit bis zu Beschäftigungspflicht und Ausgleichsabgabe. Eigene Abschnitte widmen sich der SBV und ihrer Zusammenarbeit mit Betriebs- und Personalrat, der Inklusionsvereinbarung, der Prävention einschließlich des Betrieblichen Eingliederungsmanagements (BEM), dem besonderen Kündigungsschutz, dem Integrationsamt mit seinen Förderleistungen sowie dem Rechtsschutz und den Besonderheiten des öffentlichen Dienstes.

Jede Antwort steht dabei für sich: Sie lässt sich einzeln nachschlagen und ist ohne Lektüre der übrigen verständlich. Wo sich zentrale Grundsätze wiederholen, ist das kein Versehen, sondern Absicht – ein Nachschlagewerk muss dort vollständig sein, wo man es aufschlägt. Hervorgehobene Praxishinweise und Merksätze zeigen, worauf es im betrieblichen Alltag ankommt. Gesetzgebung und Rechtsprechung sind auf dem Stand von Sommer 2026 berücksichtigt.

Dieses Buch sollte ursprünglich ein anderer schreiben: Mein Anwaltskollege und Freund Jürgen Sauerborn aus Wesseling war als Autor dieses Werks vorgesehen. Nach seinem viel zu frühen Tod habe ich die Aufgabe übernommen – in dankbarer Erinnerung an ihn und in dem Bestreben, das Buch so zu verfassen, wie er es sich gewünscht hätte: klar, praxisnah und stets auf der Seite derer, um deren Teilhabe es geht.

A. Einstieg, Grundbegriffe und Akteure

1. Was bedeutet »Behinderung« im rechtlichen Sinn und wann gilt jemand als »schwerbehindert«?

Behinderung und Schwerbehinderung sind rechtlich zwei verschiedene Begriffe mit spürbaren Folgen im Arbeitsleben.
Eine Behinderung liegt nach § 2 Abs. 1 SGB IX vor, wenn eine körperliche, seelische, geistige oder Sinnesbeeinträchtigung einen Menschen in Wechselwirkung mit einstellungs- und umweltbedingten Barrieren mit hoher Wahrscheinlichkeit länger als sechs Monate an der gleichberechtigten Teilhabe an der Gesellschaft hindern kann. Der Begriff folgt der UN-Behindertenrechtskonvention: Entscheidend ist das Zusammenwirken von Beeinträchtigung und Barrieren, nicht die Einschränkung allein. Auf die Ursache kommt es nicht an.
Schwerbehindert ist nach § 2 Abs. 2 SGB IX, wer einen Grad der Behinderung (GdB) von wenigstens 50 sowie Wohnsitz, gewöhnlichen Aufenthalt oder Arbeitsplatz rechtmäßig in Deutschland hat. Der GdB wird in Zehnerschritten festgestellt und erfasst die Auswirkungen auf alle Lebensbereiche, nicht nur auf den Beruf.

> **Praxistipp:**
> Die Schwerbehinderteneigenschaft entsteht kraft Gesetzes; der Feststellungsbescheid und der Schwerbehindertenausweis des Versorgungsamts weisen sie nur nach. Erst ab einem GdB von 50 greifen die besonderen Schutzrechte des SGB IX – etwa Kündigungsschutz, Zusatzurlaub und behinderungsgerechte Beschäftigung. Menschen mit einem GdB von 30 oder 40 können diesen Schutz über eine Gleichstellung erreichen.

2. Worin unterscheiden sich Behinderung, Schwerbehinderung und Gleichstellung?

Die drei Begriffe bauen aufeinander auf und unterscheiden sich in zwei Punkten: im GdB und darin, wie der jeweilige Status entsteht.
Die Behinderung ist der weiteste Begriff (§ 2 Abs. 1 SGB IX); ein GdB wird ab 20 festgestellt. Mit einem GdB unter 30 bestehen aber noch keine besonderen Schutzrechte nach dem SGB IX; die Feststellung kann allenfalls für einzelne Nachteilsausgleiche (etwa steuerlich) Bedeutung haben.
Schwerbehindert ist, wer einen GdB von wenigstens 50 hat (§ 2 Abs. 2 SGB IX).
Die Gleichstellung betrifft Menschen mit einem GdB von 30 bis unter 50 (§ 2 Abs. 3 SGB IX). Anders als die Schwerbehinderung tritt sie nicht automatisch ein: Die Agentur für Arbeit spricht sie nur auf Antrag aus und nur, wenn der Mensch infolge seiner Behinderung ohne die Gleichstellung einen geeigneten Arbeitsplatz nicht erlangen oder nicht behalten kann. Sie wirkt ab dem Tag des Antragseingangs. Gleichgestellte haben fast alle Rechte schwerbehinderter Menschen, insbesondere den besonderen Kündigungsschutz und die begleitenden Hilfen im Arbeitsleben. Nicht dazu gehören der Zusatzurlaub (§ 208 SGB IX) und die unentgeltliche Beförderung im Nahverkehr; auch die vorgezogene Altersrente für schwerbehinderte Menschen erhalten sie nicht.

3. Was bedeutet »Teilhabe am Arbeitsleben« und welches Leitbild steht dahinter?

»Teilhabe am Arbeitsleben« meint mehr, als nur einen Arbeitsplatz zu haben. Menschen mit Behinderungen sollen gleichberechtigt, selbstbestimmt und dauerhaft am allgemeinen Arbeitsmarkt teilnehmen und dabei ihre Fähigkeiten und Neigungen einsetzen können. Leitgedanke ist, dass sich die Arbeit an den Menschen anpasst – nicht umgekehrt.
Das Leitbild dahinter steht in § 1 SGB IX: Selbstbestimmung, volle, wirksame und gleichberechtigte Teilhabe am Leben in der Gesellschaft, Vermeiden von Benachteiligungen. Damit hat das SGB IX den früheren Fürsorgegedanken abgelöst. Verfassungsrechtlich wurzelt es im Benachteiligungsverbot des Art. 3 Abs. 3 Satz 2 GG.

International prägt die UN-Behindertenrechtskonvention (in Deutschland seit 2009 verbindlich) das Bild. Ihr Artikel 27 verbürgt das Recht auf Arbeit in einem offenen, inklusiven und zugänglichen Arbeitsmarkt. Inklusion bedeutet: Nicht der Mensch muss sich einfügen, sondern Betrieb und Gesellschaft müssen so gestaltet sein, dass alle teilhaben können. Der Wandel zeigt sich bis in die Begriffe: Aus der Integrationsvereinbarung wurde die Inklusionsvereinbarung; das Integrationsamt heißt in einigen Ländern inzwischen Inklusionsamt.

Für die Praxis ist das kein bloßer Programmsatz, sondern Auslegungsmaßstab für die konkreten Pflichten, etwa die Beschäftigungspflicht (§ 154 SGB IX) und die behinderungsgerechte Beschäftigung (§ 164 SGB IX). SBV, Betriebs- und Personalrat können sich darauf stützen, wenn sie Maßnahmen einfordern.

4. Ab welchem Grad der Behinderung greifen welche Rechte im Betrieb?

Die betrieblichen Rechte hängen an Schwellenwerten des GdB; entscheidend ist, ob nur das allgemeine Diskriminierungsverbot oder zusätzlich der besondere Schutz des SGB IX greift.

Schon unterhalb eines GdB von 30 – also bei jeder Behinderung im Sinne des § 2 Abs. 1 SGB IX – gilt das Benachteiligungsverbot des Allgemeinen Gleichbehandlungsgesetzes (AGG): Niemand darf wegen einer Behinderung benachteiligt werden, etwa bei Einstellung, Aufstieg oder Kündigung. Besondere Schutzrechte des SGB IX bestehen hier aber noch nicht.

Bei einem GdB von 30 oder 40 entsteht der betriebliche Schutz erst durch eine Gleichstellung. Mit ihr gelten fast alle Rechte schwerbehinderter Menschen: besonderer Kündigungsschutz, behinderungsgerechte Beschäftigung und Arbeitsplatzausstattung (§ 164 SGB IX) sowie Freistellung von Mehrarbeit auf Verlangen (§ 207 SGB IX). Ohne Gleichstellung bleibt es beim allgemeinen Kündigungsschutz nach dem Kündigungsschutzgesetz (KSchG).

Ab einem GdB von 50 greift der volle Schutz kraft Gesetzes. Zu den genannten Rechten tritt insbesondere der Zusatzurlaub von fünf Tagen (§ 208 SGB IX) hinzu, den Gleichgestellte gerade nicht haben. Außerhalb des Betriebs knüpfen weitere Nachteilsausgleiche an die Schwerbehinderung an, etwa die unentgeltliche Beförderung im Nahverkehr und die vorgezogene Altersrente.

5. Welche Gesetze und Vorschriften bilden das betriebliche Schwerbehindertenrecht?

Das betriebliche Schwerbehindertenrecht steht nicht in einem einzigen Gesetz (das frühere Schwerbehindertengesetz ging im Jahre 2001 im SGB IX auf), sondern ergibt sich aus dem Zusammenspiel mehrerer Regelwerke.

Kern ist das SGB IX. Teil 3 (§§ 151–241) enthält das eigentliche Schwerbehindertenrecht:

- den geschützten Personenkreis,
- Beschäftigungspflicht und Ausgleichsabgabe (§§ 154ff.),
- die Arbeitgeberpflichten samt behinderungsgerechter Beschäftigung (§ 164),
- die Inklusionsvereinbarung (§ 166),
- Prävention und BEM (§ 167),
- den besonderen Kündigungsschutz (§§ 168ff.),
- die Pflichten von Betriebs- und Personalrat (§ 176),
- die SBV (§§ 177ff.),
- Mehrarbeit und Zusatzurlaub (§§ 207, 208).

Die allgemeinen Begriffe und Ziele stehen in Teil 1, etwa § 1 und § 2 SGB IX.

Ergänzend gelten Rechtsverordnungen: die Wahlordnung Schwerbehindertenvertretungen (SchwbVWO) für die SBV-Wahl, die Versorgungsmedizin-Verordnung für die GdB-Bemessung und die Schwerbehindertenausweisverordnung für Ausweis und Merkzeichen.

Im Betrieb wirkt das Schwerbehindertenrecht eng mit dem übrigen Arbeitsrecht zusammen: mit dem Betriebsverfassungsgesetz bzw. den Personalvertretungsgesetzen (Beteiligung von Betriebs- und Personalrat), dem KSchG, dem AGG (Benachteiligungsverbot) sowie dem Arbeitszeitgesetz (ArbZG), dem Bundesurlaubsgesetz (BUrlG) und dem Teilzeit- und Befristungsgesetz (TzBfG). Den Rahmen bilden schließlich das Grundgesetz (Art. 3 Abs. 3 Satz 2) und die UN-Behindertenrechtskonvention; beide prägen die Auslegung dieser Vorschriften.

6. Welche Akteure wirken im betrieblichen Schwerbehindertenrecht zusammen?

Im betrieblichen Schwerbehindertenrecht wirken mehrere Akteure zusammen, innerhalb wie außerhalb des Betriebs.

Im Mittelpunkt stehen die schwerbehinderten und gleichgestellten Beschäftigten selbst: Ihnen stehen die Rechte zu. Der Arbeitgeber trägt die zentralen Pflichten: Beschäftigung schwerbehinderter Menschen, behinderungsgerechte Gestaltung des Arbeitsplatzes, Prävention und BEM sowie die rechtzeitige Beteiligung der Interessenvertretungen. Vertreten wird er dabei vom Inklusionsbeauftragten, den er nach § 181 SGB IX bestellen muss.

Die SBV ist die gewählte Interessenvertretung der schwerbehinderten und gleichgestellten Beschäftigten; sie fördert deren Eingliederung, überwacht die Einhaltung der Vorschriften und steht ihnen beratend zur Seite (§ 178 SGB IX). Betriebs- bzw. Personalrat haben nach § 176 SGB IX eine allgemeine Förderpflicht und eigene Beteiligungs- und Mitbestimmungsrechte, etwa bei Einstellungen und vor jeder Kündigung. Arbeitgeber bzw. Inklusionsbeauftragter, SBV und Betriebs- oder Personalrat arbeiten eng zusammen – häufig »Inklusionsteam« genannt (§ 182 SGB IX).

Außerhalb des Betriebs kommen weitere Stellen hinzu: das Integrationsamt (Ausgleichsabgabe, begleitende Hilfen, Zustimmung zur Kündigung), die Agentur für Arbeit (Gleichstellung, Vermittlung), das Versorgungsamt (Feststellung von GdB und Merkzeichen), die Rehabilitationsträger (Leistungen zur Teilhabe am Arbeitsleben) sowie der Integrationsfachdienst als unterstützender Dienst.

7. Was ändert sich für Beschäftigte und Betrieb mit der Anerkennung der Schwerbehinderung konkret?

Mit der Anerkennung ändert sich weniger der Status als seine Nutzbarkeit: Die Schwerbehinderteneigenschaft besteht kraft Gesetzes ab einem GdB von 50; praktisch wirksam werden die betrieblichen Rechte aber erst, wenn der Arbeitgeber von der Schwerbehinderung weiß.

Für die Beschäftigten bedeutet das: Eine Pflicht zur Offenlegung besteht nicht. Wer die besonderen Rechte – etwa Kündigungsschutz, Zusatzurlaub oder die Freistellung von Mehrarbeit – nutzen will, muss dem Arbeitgeber

die Anerkennung jedoch nachweisen. Beim Kündigungsschutz kommt es zudem darauf an, dass der Arbeitgeber die Schwerbehinderung kennt oder sich die Beschäftigten rechtzeitig auf sie berufen.
Für den Betrieb hat die Anerkennung, sobald sie bekannt ist, mehrere konkrete Folgen: Schwerbehinderte Beschäftigte werden auf die Beschäftigungspflicht angerechnet, was die Ausgleichsabgabe verringern kann. Der Arbeitgeber muss die SBV in allen Angelegenheiten beteiligen, die schwerbehinderte Menschen berühren, vor einer Kündigung die Zustimmung des Integrationsamts einholen und die Arbeitsbedingungen behinderungsgerecht gestalten. Zugleich kann er Förderleistungen und begleitende Hilfen in Anspruch nehmen.

8. Gelten die Schutzrechte schwerbehinderter Menschen auch in Kleinbetrieben und für Teilzeit- oder befristet Beschäftigte?

Die persönlichen Schutzrechte schwerbehinderter Menschen hängen grundsätzlich nicht von der Betriebsgröße ab und gelten auch für Teilzeit- und befristet Beschäftigte. Nur die kollektiven Pflichten knüpfen an Schwellenwerte an.
Im Kleinbetrieb gelten der besondere Kündigungsschutz, der Zusatzurlaub, die Freistellung von Mehrarbeit und der Anspruch auf behinderungsgerechte Beschäftigung uneingeschränkt. Bedeutsam ist: Der besondere Kündigungsschutz – also die Zustimmung des Integrationsamts vor einer Kündigung – greift unabhängig von der Beschäftigtenzahl. Er gilt selbst dort, wo der allgemeine Kündigungsschutz nach dem KSchG (erst ab mehr als zehn Beschäftigten) noch nicht eingreift. Die Schwellenwerte betreffen nur die kollektiven Pflichten: Beschäftigungspflicht und Ausgleichsabgabe bestehen erst ab 20 Arbeitsplätzen, eine SBV wird erst ab fünf schwerbehinderten Beschäftigten gewählt.
Teilzeitbeschäftigte haben dieselben Rechte; der Zusatzurlaub richtet sich lediglich nach der Zahl der wöchentlichen Arbeitstage. Auch befristet Beschäftigte sind während des Arbeitsverhältnisses voll geschützt. Der besondere Kündigungsschutz erfasst allerdings nur Kündigungen; das automatische Ende durch Fristablauf bedarf keiner Zustimmung.

Zu beachten ist in allen Fällen die Wartezeit: Der besondere Kündigungsschutz greift erst, wenn das Arbeitsverhältnis länger als sechs Monate besteht.

B. Anerkennung, GdB und Gleichstellung

9. Wie und wo stellt man den Antrag auf Feststellung der Schwerbehinderung?

Die Feststellung erfolgt nur auf Antrag des Menschen mit Behinderungen (§ 152 Abs. 1 SGB IX). Zuständig ist das Versorgungsamt bzw. die nach Landesrecht bestimmte Stelle; die Bezeichnung variiert je nach Bundesland, etwa Landesamt für Soziales.

Der Antrag kann formlos gestellt werden; üblich sind die Antragsformulare, online oder in Papierform. Wichtig ist, die einzelnen Gesundheitsstörungen genau zu beschreiben, die behandelnden Ärzte zu benennen und sie von der Schweigepflicht zu entbinden. Die Behörde ermittelt dann von Amts wegen, holt die nötigen Befundberichte ein und trägt die Kosten dafür. Wer aktuelle ärztliche Unterlagen beifügt, verkürzt die Bearbeitungszeit.

Am Ende steht der Feststellungsbescheid; er weist den GdB aus, der ab einem Wert von 20 festgestellt wird. Ab einem GdB von 50 liegt eine Schwerbehinderung vor; auf Antrag wird zusätzlich der Schwerbehindertenausweis ausgestellt.

> **Praxistipp:**
> Die SBV unterstützt Beschäftigte auf Wunsch bei der Antragstellung (§ 178 Abs. 1 SGB IX); auch Sozial- und Behindertenverbände beraten dabei.

10. Wie wird der Grad der Behinderung ermittelt?

Maßgeblich für die Bewertung sind die Versorgungsmedizinischen Grundsätze (VMG), eine Anlage zur Versorgungsmedizin-Verordnung (VersMedV). Sie binden Behörden und Gerichte und enthalten in Teil A die allgemeinen Grundsätze, in Teil B eine Tabelle mit GdB-Werten für die einzelnen Funktionsbeeinträchtigungen.
Zunächst wird für jede dauerhafte Gesundheitsstörung ein Einzel-GdB in Zehnerschritten (10 bis 100) bestimmt; Störungen desselben Funktionssystems (etwa »Gehirn und Psyche«) werden dabei zusammengefasst. Entscheidend ist nicht die Diagnose, sondern die tatsächliche Beeinträchtigung der Teilhabe – der GdB misst das ganze Leben, nicht nur die Arbeitswelt.
Aus den Einzelwerten wird anschließend der Gesamt-GdB gebildet (§ 152 Abs. 3 SGB IX).

> **Praxistipp:**
> Die Einzel-GdB werden nicht addiert. Ausgangspunkt ist die stärkste Beeinträchtigung; dann wird geprüft, ob die weiteren Beeinträchtigungen das Gesamtbild wesentlich verstärken, also den Wert um wenigstens 10 erhöhen. Leichte Beeinträchtigungen mit einem GdB von 10 bleiben dabei in der Regel ohne Wirkung. Zwei Einschränkungen mit jeweils einem GdB von 30 ergeben deshalb nicht zwingend 60, sondern oft nur 40.

Der GdB ist letztlich ein Rechtsbegriff: Ärztliche Gutachten sind ein Hilfsmittel, die Entscheidung trifft aber die Behörde, im Streitfall das Sozialgericht. Eine genaue Schilderung der konkreten Einschränkungen im Alltag ist deshalb hilfreich.

11. Was hat sich durch die 6. Änderungsverordnung zur VersMedV für die GdB-Feststellung geändert?

Die 6. Änderungsverordnung zur VersMedV vom 29. 9. 2025 ist seit dem 3. 10. 2025 in Kraft. Geändert wurde im Kern Teil A der Versorgungsmedizinischen Grundsätze (VMG), also die allgemeinen Bewertungsgrundsätze; die eigentliche GdB-Tabelle in Teil B mit den Werten für die einzelnen Funktionsbeeinträchtigungen blieb unverändert.

Inhaltlich wurde Teil A an die UN-Behindertenrechtskonvention und an den Behinderungsbegriff des § 2 SGB IX angepasst. Behinderung wird nun ausdrücklich als Wechselwirkung gesundheitlicher Beeinträchtigungen mit Barrieren verstanden; die Bewertung orientiert sich an den Klassifikationen der WHO und stellt allein auf die Teilhabe ab – unabhängig von der Ursache (finale Betrachtung). Daneben wurden Grundsätze etwa zur Verlaufs- und Heilungsbewährung klarer gefasst. Der Gesamt-GdB wird weiterhin in einer Gesamtschau ohne Addition gebildet.

> **Praxistipp:**
> Weil Teil B unverändert blieb, ändern sich die konkreten GdB-Werte für die meisten Betroffenen nicht. Die Neufassung wirkt vor allem als Maßstab und Auslegungshilfe und rückt Teilhabe und Barrieren stärker in den Vordergrund. Sie ist daher kein Anlass für pauschale Höher- oder Herabstufungen; bei Neufeststellungen und in Streitfällen kann das teilhabeorientierte Verständnis aber an Gewicht gewinnen.

12. Wie wird die Gleichstellung beantragt und wer entscheidet darüber?

Die Gleichstellung gibt es nur auf Antrag und antragsberechtigt ist allein der Mensch mit Behinderungen selbst. Arbeitgeber, Betriebs- oder Personalrat und SBV können sie nicht aus eigenem Recht beantragen, sondern allenfalls bevollmächtigt in dessen Namen.
Zuständig für Antrag und Entscheidung ist die Agentur für Arbeit (§ 151 Abs. 2 SGB IX). Voraussetzung ist ein vom Versorgungsamt festgestellter GdB von 30 oder 40. Fehlt diese Feststellung noch, wird der Gleichstellungsantrag in der Praxis zugleich als Antrag auf GdB-Feststellung gewertet und dem Versorgungsamt zugeleitet. Der Antrag selbst ist an keine Form gebunden.
Die Agentur prüft, ob der Arbeitsplatz infolge der Behinderung gefährdet ist oder ohne Gleichstellung nicht erlangt werden kann. Dabei hört sie – mit Einverständnis der antragstellenden Person – den Arbeitgeber sowie SBV und Betriebs- oder Personalrat an. Die Gleichstellung ist als Soll-Vorschrift ausgestaltet: Liegen die Voraussetzungen vor, besteht im Regelfall ein Anspruch; eine Ablehnung kommt nur in atypischen Ausnahmefällen in Betracht. Sie kann befristet ausgesprochen werden.

Wird die Gleichstellung abgelehnt oder nur befristet erteilt, können die Betroffenen Widerspruch einlegen und anschließend vor dem Sozialgericht klagen. Der Arbeitgeber kann eine ausgesprochene Gleichstellung dagegen nicht anfechten.

13. Wann ist ein Arbeitsplatz »behinderungsbedingt gefährdet«?

Die Gleichstellung setzt nach § 2 Abs. 3 SGB IX voraus, dass jemand infolge der Behinderung ohne sie einen geeigneten Arbeitsplatz nicht erlangen oder nicht behalten kann. Bei Beschäftigten geht es um die zweite Variante: Der Arbeitsplatz muss gerade wegen der Behinderung gefährdet sein.
Entscheidend ist der Ursachenzusammenhang. Die Gefährdung muss auf die Behinderung zurückgehen und sich konkret zeigen, etwa in wiederholten behinderungsbedingten Fehlzeiten, verminderter Belastbarkeit oder Reaktionen des Arbeitgebers wie Abmahnungen. Nicht ausreichend sind behinderungsfremde Umstände wie eine schwierige Arbeitsmarktlage, höheres Alter, fehlende Qualifikation oder rein betriebsbedingte Gründe.
Die Schwelle liegt dabei nicht hoch: Eine drohende oder gar ausgesprochene Kündigung ist nicht erforderlich; selbst die Zusage des Arbeitgebers, nicht kündigen zu wollen, schließt die Gleichstellung nicht aus. Umgekehrt genügt eine nur abstrakte Gefährdung nicht. Die Agentur für Arbeit trifft eine Prognose, ob die Gleichstellung den Arbeitsplatz voraussichtlich sichern hilft. Bei Unkündbaren, etwa Beamten auf Lebenszeit, scheidet sie deshalb im Regelfall aus.
Geeignet ist ein Arbeitsplatz, der dem Leistungsvermögen und der Qualifikation entspricht oder behinderungsgerecht ausgestaltet werden kann; bloße Arbeitsunfähigkeit macht ihn nicht ungeeignet. Bei Arbeitsuchenden genügt für die erste Variante, dass die Wettbewerbsfähigkeit behinderungsbedingt in besonderer Weise beeinträchtigt ist.

14. Welche Rechte hat ein gleichgestellter Mensch und welche nicht?

Der Grundsatz steht in § 151 Abs. 3 SGB IX: Auf gleichgestellte behinderte Menschen werden die besonderen Regelungen für schwerbehinderte Menschen angewendet – mit nur zwei Ausnahmen. Diese Aufzählung ist abschließend.
Im Betrieb haben Gleichgestellte deshalb praktisch denselben Schutz: besonderen Kündigungsschutz, Anspruch auf behinderungsgerechte Beschäftigung und Arbeitsplatzausstattung (§ 164 SGB IX), Freistellung von Mehrarbeit (§ 207 SGB IX), Anrechnung auf die Beschäftigungspflicht und begleitende Hilfen im Arbeitsleben.
Nicht zur Verfügung stehen ihnen dagegen der bezahlte Zusatzurlaub von fünf Tagen (§ 208 SGB IX) und die unentgeltliche Beförderung im öffentlichen Nahverkehr.
Wichtig ist eine weitere Abgrenzung, die häufig übersehen wird: Gleichgestellte erhalten keinen Schwerbehindertenausweis, sondern nur einen Gleichstellungsbescheid. Die außerbetrieblichen Nachteilsausgleiche, die an den Ausweis und seine Merkzeichen anknüpfen (etwa Vergünstigungen bei der Kfz-Steuer, Parkerleichterungen oder der ermäßigte Rundfunkbeitrag), hängen an der Schwerbehinderung, nicht an der Gleichstellung. Auch die vorgezogene Altersrente für schwerbehinderte Menschen, die einen GdB von 50 voraussetzt, steht Gleichgestellten nicht zu.

15. Ab wann gilt der Schutz der Schwerbehinderteneigenschaft?

Beim Zeitpunkt sind zwei Wege zu unterscheiden. Die Schwerbehinderung wird vom Versorgungsamt regelmäßig rückwirkend zum Zeitpunkt der Antragstellung festgestellt, bei besonderem Interesse auch für frühere Zeitpunkte (§ 152 Abs. 1 SGB IX). Der Bescheid stellt einen bereits bestehenden Zustand nur fest. Die Gleichstellung dagegen wird erst mit dem Tag des Antragseingangs bei der Agentur für Arbeit wirksam (§ 151 Abs. 2 SGB IX), nicht für die Zeit davor.
Praktisch entscheidend wird dies beim Kündigungsschutz. Der besondere Schutz – die Zustimmung des Integrationsamts – greift nur, wenn die

Schwerbehinderung oder Gleichstellung bei Zugang der Kündigung bereits anerkannt oder offenkundig war oder wenn der Antrag mindestens drei Wochen vor dem Zugang gestellt wurde. Dann schützt eine spätere, rückwirkende Anerkennung auch gegen die bereits ausgesprochene Kündigung. Eine Kündigung ohne Zustimmung ist unwirksam. Wird der Antrag erst kurz vor oder erst nach der Kündigung gestellt, besteht kein Sonderschutz, selbst wenn die Anerkennung später rückwirkend erfolgt.
Zwei Fristen sind daher zu wahren: Wusste der Arbeitgeber nichts von der Behinderung, müssen sich Beschäftigte binnen drei Wochen nach Zugang der Kündigung auf den Schutz berufen und die Kündigungsschutzklage ist ebenfalls innerhalb von drei Wochen zu erheben (§ 4 KSchG).

> **Praxistipp:**
> Anträge möglichst früh stellen, vor allem wenn sich eine Kündigung abzeichnet.

16. Wird die SBV bei der Gleichstellung beteiligt?

Die SBV wird beteiligt, allerdings nicht als Entscheiderin und ohne eigenes Antragsrecht. Den Antrag kann nur der Mensch mit Behinderungen selbst stellen.
Die Beteiligung hat zwei Seiten. Vor dem Verfahren unterstützt die SBV Beschäftigte bei der Antragstellung; das ist ihre gesetzliche Aufgabe nach § 178 Abs. 1 SGB IX. Wichtig sind hier vor allem die rechtzeitige Antragstellung und eine überzeugende Begründung der behinderungsbedingten Gefährdung.
Im Verfahren selbst muss die Agentur für Arbeit den Sachverhalt von Amts wegen aufklären (§ 20 SGB X). Dazu gehört, neben dem Arbeitgeber auch die SBV und einen vorhandenen Betriebs- oder Personalrat anzuhören; die Einschätzung des Arbeitgebers allein trägt die Entscheidung nicht. Das ist eine Anhörung, keine Mitbestimmung: Die Entscheidung trifft die Agentur.
Ohne das Einverständnis der antragstellenden Person läuft allerdings keine Anhörung: Ihre Sozialdaten sind geschützt und dürfen nur mit Zustimmung offengelegt werden. Wird die Zustimmung ganz verweigert, kann die Agentur den Sachverhalt unter Umständen nicht aufklären und den Antrag mangels Mitwirkung ablehnen. Lehnt jemand nur die Befra-

gung des Arbeitgebers ab, muss die Agentur vor einer Ablehnung prüfen, ob die Anhörung von SBV oder Betriebs- bzw. Personalrat genügt. Die Gleichstellung bleibt Angelegenheit der antragstellenden Person; die SBV unterliegt zudem der Verschwiegenheitspflicht.

17. Was tun, wenn der GdB zu niedrig festgesetzt oder die Anerkennung abgelehnt wird?

Der Feststellungsbescheid ist ein Verwaltungsakt mit Rechtsbehelfsbelehrung. Wer ihn für falsch hält, kann innerhalb eines Monats ab Bekanntgabe Widerspruch einlegen, schriftlich oder zur Niederschrift beim Versorgungsamt. Die Begründung lässt sich nachreichen; hilfreich sind aktuelle ärztliche Befunde.

> **Praxistipp:**
> Im Widerspruchsverfahren gilt kein allgemeines Verschlechterungsverbot. Das Versorgungsamt darf den Sachverhalt vollständig neu prüfen und den GdB unter bestimmten Voraussetzungen sogar herabsetzen. Vor dem Widerspruch lohnt deshalb eine nüchterne Einschätzung der Erfolgsaussichten.

Bleibt der Widerspruch erfolglos, kann innerhalb eines Monats nach Zustellung des Widerspruchsbescheids Klage vor dem Sozialgericht erhoben werden. Das Verfahren ist gerichtskostenfrei. Das Gericht ermittelt von Amts wegen und holt regelmäßig ein Sachverständigengutachten ein; auf Antrag auch von einem Arzt des Vertrauens (§ 109 SGG, ggf. gegen Vorschuss). Gegen das Urteil sind Berufung und, eingeschränkt, Revision möglich.

> **Praxistipp:**
> Die Fristen unbedingt wahren, sonst wird der Bescheid bestandskräftig und es bleibt nur ein neuer Antrag. Kostengünstig beraten und vertreten Sozialverbände oder Gewerkschaften ihre Mitglieder, daneben Rechtsanwälte; ein Antrag auf Prozesskostenhilfe ist möglich. Wird statt der erhofften Schwerbehinderung nur ein GdB von 30 oder 40 anerkannt, kann zusätzlich eine Gleichstellung beantragt werden.

18. Was passiert mit dem Grad der Behinderung bei Verschlechterung oder Verbesserung der gesundheitlichen Einschränkungen?

Der einmal festgestellte GdB ist nicht endgültig; er wird an wesentliche Änderungen der Verhältnisse angepasst (§ 48 SGB X).
Bei einer Verschlechterung können Betroffene jederzeit einen Änderungs- oder Verschlimmerungsantrag beim Versorgungsamt stellen. Wesentlich ist die Änderung in der Regel erst, wenn sich der Gesamt-GdB dadurch um wenigstens 10 ändert; dann wird er neu – und höher – festgestellt. Für die Nachweise gilt dasselbe wie beim Erstantrag.

> **Praxistipp:**
> Das Versorgungsamt prüft dabei den gesamten Gesundheitszustand neu; der Antrag kann im Ergebnis auch zu einem niedrigeren GdB führen.

Umgekehrt darf das Versorgungsamt den GdB von Amts wegen herabsetzen, wenn sich der Gesundheitszustand wesentlich und über sechs Monate hinaus stabil gebessert hat. Die Herabsetzung erfolgt durch einen neuen Bescheid, gegen den wiederum Widerspruch und Klage möglich sind.
Praktisch besonders wichtig ist die Auslauffrist des § 199 SGB IX. Sinkt der GdB unter 50 oder wird eine Gleichstellung widerrufen, enden die besonderen Rechte – etwa Kündigungsschutz und Zusatzurlaub – nicht sofort. Sie bestehen bis zum Ende des dritten Kalendermonats nach dem Zeitpunkt fort, zu dem der herabsetzende Bescheid unanfechtbar (bestandskräftig) geworden ist. Solange ein Widerspruch oder eine Klage gegen die Herabsetzung läuft, ist der Bescheid noch nicht unanfechtbar. Der Schutz bleibt dann zunächst vollständig erhalten und die Drei-Monats-Frist beginnt erst danach.

C. Ausweis, Merkzeichen und Nachteilsausgleiche

19. Wozu dient der Schwerbehindertenausweis?

Der Schwerbehindertenausweis ist der amtliche Nachweis der Schwerbehinderteneigenschaft. Er begründet den Status nicht, sondern belegt ihn: den GdB und, auf der Rückseite, die zuerkannten Merkzeichen (§ 152 Abs. 5 SGB IX).

Seine Funktion ist, die Rechte und Vergünstigungen geltend zu machen, die an die Schwerbehinderung anknüpfen. Im Betrieb dient er als Nachweis gegenüber dem Arbeitgeber, um die besonderen Rechte wie Kündigungsschutz oder Zusatzurlaub nutzen zu können. Außerhalb des Betriebs eröffnet er Nachteilsausgleiche, etwa die unentgeltliche Beförderung im Nahverkehr, Parkerleichterungen oder Vergünstigungen bei der Kfz-Steuer. Welche Ausgleiche im Einzelnen in Betracht kommen, richtet sich nach den Merkzeichen.

Den Ausweis stellt das Versorgungsamt auf Antrag aus. Er ist grün – mit Freifahrtberechtigung grün-orange – hat Scheckkartenformat und ist kostenlos. Seine Gültigkeit wird in der Regel befristet, längstens auf fünf Jahre. Ist mit einer Änderung des Gesundheitszustands nicht zu rechnen, kann er auch unbefristet ausgestellt werden. Für Gleichgestellte gibt es keinen Ausweis; ihr Nachweis ist der Gleichstellungsbescheid.

20. Welche Merkzeichen gibt es und was bedeuten sie?

Merkzeichen werden in den Schwerbehindertenausweis eingetragen. Sie kennzeichnen bestimmte gesundheitliche Merkmale und entscheiden darüber, welche Nachteilsausgleiche in Anspruch genommen werden können. Die im Alltag wichtigsten sind:

- **G:** Erhebliche Beeinträchtigung der Bewegungsfähigkeit im Straßenverkehr (Gehbehinderung).
- **aG:** Außergewöhnliche Gehbehinderung – eine erhebliche mobilitätsbezogene Teilhabebeeinträchtigung, die für sich einem GdB von mindestens 80 entspricht. Betroffen sind Menschen, die sich außerhalb ihres Fahrzeugs dauernd nur mit fremder Hilfe oder mit großer Anstrengung bewegen können, etwa dauerhaft auf den Rollstuhl Angewiesene.
- **B:** Berechtigung zur Mitnahme einer Begleitperson; Voraussetzung ist die Notwendigkeit ständiger Begleitung.
- **H:** Hilflosigkeit – dauernder Bedarf an fremder Hilfe bei häufigen, regelmäßigen Verrichtungen des täglichen Lebens.
- **Bl:** Blindheit.
- **Gl:** Gehörlosigkeit.
- **RF:** Ermäßigung des Rundfunkbeitrags auf ein Drittel; zuerkannt unter anderem, wenn jemand wegen der Behinderung dauerhaft nicht an öffentlichen Veranstaltungen teilnehmen kann.
- **TBl:** Taubblindheit; 2016 eingeführt, mit besonders weitreichenden Vergünstigungen – etwa der vollständigen Befreiung vom Rundfunkbeitrag.

21. Welche Merkzeichen sind im Arbeitsalltag besonders relevant?

Im Betrieb selbst spielen Merkzeichen meist nur mittelbar eine Rolle: Die zentralen Schutzrechte – Kündigungsschutz, Zusatzurlaub, behinderungsgerechte Beschäftigung – hängen am GdB von 50, nicht an einem Merkzeichen. Wichtig werden sie aber rund um den Arbeitsalltag, vor allem beim Arbeitsweg, beim Parken und bei der Begleitung.

Für den Arbeitsweg ist das Merkzeichen G am bedeutsamsten. Mit G (ebenso mit aG, Bl, Gl oder H) und einer Wertmarke besteht ein Anspruch auf unentgeltliche Beförderung im öffentlichen Nahverkehr. Steuerlich können Beschäftigte mit einem GdB von mindestens 70 oder von mindestens 50 mit Merkzeichen G für Fahrten zwischen Wohnung und Arbeit die tatsächlichen Fahrtkosten statt der Entfernungspauschale ansetzen.

Beim Parken zählen vor allem aG und Bl: Sie berechtigen zum blauen EU-Parkausweis und damit zur Nutzung von Behindertenparkplätzen – auch in der Nähe des Arbeitsplatzes.
Bei der Begleitung ist das Merkzeichen B relevant: Es erlaubt die Mitnahme einer Begleitperson, die unentgeltlich befördert wird, etwa auf dem Arbeitsweg oder bei Dienstreisen. Davon zu unterscheiden ist die Arbeitsassistenz am Arbeitsplatz; sie ist eine begleitende Hilfe im Arbeitsleben und nicht an ein Merkzeichen gebunden.

22. Muss der Schwerbehindertenausweis dem Arbeitgeber vorgelegt werden?

Von sich aus muss niemand den Schwerbehindertenausweis vorlegen; eine allgemeine Offenlegungspflicht gibt es nicht.
Es handelt sich aber um eine Obliegenheit: Wer die besonderen betrieblichen Rechte nutzen will (etwa Zusatzurlaub, Freistellung von Mehrarbeit oder den Kündigungsschutz), muss die Schwerbehinderung nachweisen. Dafür genügt die Vorlage des Ausweises oder des Feststellungsbescheids. Ohne diesen Nachweis muss der Arbeitgeber diese Rechte nicht gewähren. Nur beim Kündigungsschutz bleibt eine Hintertür: die rechtzeitige Berufung auf die Schwerbehinderung binnen drei Wochen nach Zugang einer Kündigung.
Vorlegen heißt dabei nicht aushändigen: Es reicht, den Ausweis zur Einsicht zu zeigen. Eine Kopie für die Personalakte darf der Arbeitgeber nur mit Einwilligung der beschäftigten Person anfertigen.
Im bestehenden Arbeitsverhältnis – nach Ablauf der ersten sechs Monate – darf der Arbeitgeber nach einer anerkannten Schwerbehinderung fragen, etwa um die Beschäftigungspflicht zu erfüllen und die Ausgleichsabgabe zu mindern. Auf eine solche zulässige Frage ist wahrheitsgemäß zu antworten.

23. Welche steuerlichen Vorteile gibt es für anerkannte Behinderungen?

Steuerlich wirken sich Behinderungen vor allem an drei Stellen aus: beim Pauschbetrag, bei den Fahrtkosten und bei der Kfz-Steuer.
Der Behinderten-Pauschbetrag (§ 33b EStG): Er steht bereits ab einem GdB von 20 zu und ist gestaffelt von 384 Euro (GdB 20) bis 2840 Euro (GdB 100). Für Menschen mit den Merkzeichen H, Bl oder TBl gilt ein erhöhter Pauschbetrag von 7400 Euro; ein zusätzlicher GdB-Pauschbetrag entfällt dann. Statt des Pauschbetrags lassen sich auch die tatsächlichen Kosten als außergewöhnliche Belastung geltend machen; bei behinderten Kindern kann der Pauschbetrag auf die Eltern übertragen werden. Als Nachweis genügt dem Finanzamt der Bescheid oder der Ausweis.
Die Fahrtkostenpauschale (§ 33 Abs. 2a EStG): Sie gilt seit 2021 für behinderungsbedingte Fahrten – 900 Euro bei einem GdB von mindestens 80 oder von mindestens 70 mit Merkzeichen G, 4500 Euro bei den Merkzeichen aG, Bl, H oder TBl. Ein Einzelnachweis der Fahrten entfällt. Davon zu trennen sind die Fahrten zwischen Wohnung und Arbeit, für die unter bestimmten Voraussetzungen die tatsächlichen Kosten absetzbar sind.
Die Kfz-Steuer: Halter mit den Merkzeichen aG, Bl oder H sind vollständig befreit; mit dem Merkzeichen G oder Gl wird die Steuer um die Hälfte ermäßigt – allerdings nur, wenn nicht zugleich die unentgeltliche Beförderung im Nahverkehr genutzt wird. Es besteht also ein Wahlrecht: Freifahrt oder halbe Kfz-Steuer.

24. Gibt es eine vorgezogene Altersrente für schwerbehinderte Menschen?

Für schwerbehinderte Menschen gibt es eine eigene Altersrente, die einen früheren Renteneintritt ermöglicht (§§ 37, 236a SGB VI).
Zwei Voraussetzungen müssen erfüllt sein: eine anerkannte Schwerbehinderung – ein GdB von mindestens 50 – zum Beginn der Rente sowie eine Wartezeit von 35 Versicherungsjahren. Gleichgestellte mit einem GdB von 30 oder 40 haben diesen Anspruch nicht; die Rente setzt die Schwerbehinderung voraus.

Der Vorteil liegt in den Altersgrenzen, die vom Geburtsjahr abhängen. Wer 1964 oder später geboren ist, kann diese Rente zwei Jahre vor der regulären Altersgrenze – also mit 65 statt mit 67 – abschlagsfrei beziehen. Ein noch früherer Beginn ist möglich, dann aber mit Abschlägen: bis zu drei Jahre vorher, frühestens mit 62. Der Abschlag beträgt 0,3 Prozent für jeden Monat des vorzeitigen Bezugs, höchstens 10,8 Prozent. Für vor 1964 Geborene gelten niedrigere, schrittweise angehobene Altersgrenzen.
Wichtig ist, dass die Schwerbehinderteneigenschaft bei Rentenbeginn tatsächlich vorliegt und anerkannt ist. Fällt sie später weg, bleibt die laufende Rente davon unberührt. Es empfiehlt sich, den Rentenbeginn frühzeitig mit der Deutschen Rentenversicherung zu klären.

25. Wann besteht Anspruch auf unentgeltliche Beförderung für Schwerbehinderte im ÖPNV und was kostet die Wertmarke?

Die unentgeltliche Beförderung im öffentlichen Nahverkehr ist in Kapitel 13 des SGB IX geregelt (§ 228). Sie hängt nicht am GdB allein, sondern an bestimmten Merkzeichen. Anspruch haben schwerbehinderte Menschen mit den Merkzeichen G, aG, Bl, Gl oder H. Gleichgestellte sind hiervon ausgenommen.
Genutzt wird die Freifahrt über ein Beiblatt zum Ausweis mit einer gültigen Wertmarke. Diese ist nicht automatisch kostenlos: Seit dem 1. 1. 2025 kostet die Wertmarke regulär 104 Euro für ein Jahr oder 53 Euro für ein halbes Jahr; dieser Betrag gilt auch für 2026.
Kostenfrei ist die Wertmarke jedoch für Menschen mit dem Merkzeichen Bl oder H sowie für Bezieherinnen und Bezieher bestimmter Sozialleistungen, etwa Bürgergeld oder Grundsicherung. Wer das Merkzeichen G oder Gl hat, kann statt der Freifahrt die hälftige Ermäßigung der Kfz-Steuer wählen, aber nicht beides.
Die Freifahrt gilt bundesweit im Nahverkehr; im Fernverkehr bleibt grundsätzlich ein Fahrschein erforderlich. Ist zusätzlich das Merkzeichen B eingetragen, fährt eine Begleitperson unentgeltlich mit. Das gilt auch im Fernverkehr.

26. Welche Parkerleichterungen für Schwerbehinderte gibt es?

Beim Parken ist zwischen dem öffentlichen Straßenraum und dem Betriebsgelände zu unterscheiden.
Im öffentlichen Verkehrsraum erhalten Menschen mit den Merkzeichen aG oder Bl den blauen EU-Parkausweis. Er berechtigt – bundesweit und in der gesamten EU – zum Parken auf den gekennzeichneten Behindertenparkplätzen und zu weiteren Erleichterungen, etwa dem zeitlich begrenzten Parken im eingeschränkten Halteverbot. Daneben gibt es für bestimmte Gruppen stark gehbehinderter Menschen den orangefarbenen Parkausweis. Er gewährt einige dieser Erleichterungen, nicht aber die Nutzung der Behindertenparkplätze. Rechtsgrundlage ist die Straßenverkehrs-Ordnung (§ 46 StVO).
Auf dem Firmengelände gilt diese Regelung dagegen nicht unmittelbar. Ein betrieblicher Parkplatz ist in der Regel Privatgelände, auf dem der Arbeitgeber das Hausrecht hat. Die StVO und der Parkausweis greifen dort nicht.
Ein Anspruch auf einen geeigneten, möglichst nahe gelegenen Stellplatz kann sich hier aber aus der Pflicht zur behinderungsgerechten Beschäftigung ergeben (§ 164 Abs. 4 SGB IX). Ein solcher Stellplatz ist eine mögliche angemessene Vorkehrung, die SBV und Betriebsrat einfordern können. Das Integrationsamt kann die Einrichtung im Rahmen der begleitenden Hilfen unterstützen.

D. Offenlegung, Datenschutz und Gesundheitsdaten

27. Muss ich meine (Schwer-)Behinderung dem Arbeitgeber offenlegen?

Eine allgemeine Pflicht, die Behinderung oder Schwerbehinderung offenzulegen, gibt es nicht, weder bei der Bewerbung noch im bestehenden Arbeitsverhältnis. Ob jemand seine Behinderung mitteilt, ist seine eigene Entscheidung. Das folgt aus dem Persönlichkeitsrecht und dem Schutz der informationellen Selbstbestimmung. Das Benachteiligungsverbot des AGG sichert dies zusätzlich ab.
Ausnahmen gelten nur in engen Grenzen. Offenbart werden muss eine gesundheitliche Einschränkung, wenn sie die Beschäftigten dauerhaft daran hindert, die vertraglich geschuldete Tätigkeit auszuüben, oder eine konkrete Gefahr für sie selbst oder andere begründet. Zu offenbaren ist dann aber nur diese funktionale Einschränkung im Hinblick auf die konkrete Tätigkeit, nicht die Diagnose oder der genaue GdB. Daneben gilt: Stellt der Arbeitgeber ausnahmsweise eine zulässige Frage nach der Schwerbehinderung, ist sie wahrheitsgemäß zu beantworten.
Davon zu trennen ist der Nachweis zur Nutzung der besonderen Rechte: Wer Kündigungsschutz, Zusatzurlaub oder Mehrarbeitsfreistellung in Anspruch nehmen will, muss die Schwerbehinderung nachweisen.

28. Welche Vorteile und Risiken hat die Offenlegung der Schwerbehinderung im Betrieb?

Da keine Offenlegungspflicht besteht, ist die Mitteilung eine Abwägungsentscheidung. Sie hat im Betrieb deutliche Vorteile, aber auch Risiken.

Für eine Offenlegung spricht, dass sich die besonderen Rechte erst dann nutzen lassen: Zusatzurlaub, Freistellung von Mehrarbeit, der Anspruch auf behinderungsgerechte Beschäftigung sowie der besondere Kündigungsschutz setzen voraus, dass der Arbeitgeber Bescheid weiß. Zugleich kann die SBV beraten, das Integrationsamt begleitende Hilfen leisten, und der Arbeitgeber kann Beschäftigte auf die Beschäftigungspflicht anrechnen und Förderleistungen erhalten, was die Bereitschaft zu Anpassungen oft erhöht.

Gegen eine vorschnelle Offenlegung spricht die Gefahr von Vorbehalten oder Benachteiligung. Zwar verbietet das AGG jede Benachteiligung wegen einer Behinderung, doch lässt sich eine solche im Alltag nicht immer nachweisen. Besonders im Bewerbungsverfahren gilt die Offenlegung daher häufig als riskant. Eine Pflicht besteht hier ohnehin nicht. Zu bedenken ist außerdem: Eine einmal mitgeteilte Information lässt sich faktisch kaum zurückholen; wer davon erfahren darf, ist eng begrenzt.

In der Abwägung überwiegen im bestehenden Arbeitsverhältnis meist die Vorteile, wenn Schutz oder Anpassungen tatsächlich benötigt werden – zumal der Kündigungsschutz am verlässlichsten greift, wenn der Arbeitgeber rechtzeitig informiert ist. Die Entscheidung bleibt aber individuell. Die SBV berät dazu vertraulich.

29. Darf der Arbeitgeber nach einer (Schwer-) Behinderung fragen – im Bewerbungsgespräch und im laufenden Arbeitsverhältnis?

Hier ist zwischen Bewerbung und bestehendem Arbeitsverhältnis zu unterscheiden.

Im Bewerbungsverfahren ist die allgemeine, tätigkeitsneutrale Frage nach einer Schwerbehinderung oder Gleichstellung unzulässig. Sie wäre ein Indiz für eine Benachteiligung wegen der Behinderung und verstieße gegen das AGG. Wer sich bewirbt, muss sie deshalb nicht beantworten und darf sie sogar wahrheitswidrig verneinen, ohne dass dies später vorgehalten werden darf (»Recht zur Lüge«). Die Grenze liegt dort, wo es um die gesundheitliche Eignung für die konkrete Stelle geht: Über sie darf nicht getäuscht werden, etwa wenn jemand sich um eine Schichttätigkeit bewirbt,

aber keine Nachtschicht leisten kann. Wer umgekehrt die besondere Berücksichtigung als schwerbehinderter Mensch wünscht, muss dies von sich aus rechtzeitig und deutlich offenlegen.
Im bestehenden Arbeitsverhältnis – jedenfalls nach den ersten sechs Monaten – kann die Frage dagegen zulässig sein, wenn sie einem berechtigten Zweck dient: etwa der Berücksichtigung bei der Sozialauswahl vor anstehenden Entlassungen oder positiven Maßnahmen zugunsten schwerbehinderter Menschen. Dann ist wahrheitsgemäß zu antworten. Wer eine solche zulässige Frage falsch beantwortet, kann sich später nicht mehr auf den besonderen Kündigungsschutz berufen.
Werden dafür Fragebögen verwendet, unterliegen sie der Mitbestimmung des Betriebsrats (§ 94 BetrVG) bzw. des Personalrats nach den Personalvertretungsgesetzen.

30. Welche Folgen hat das dauerhafte Verschweigen der Behinderung für den Kündigungsschutz?

Wer seine Schwerbehinderung dauerhaft verschweigt, verliert den besonderen Kündigungsschutz zwar nicht automatisch, kann sich aber im entscheidenden Moment nicht mehr darauf berufen.
Maßgeblich ist die Rechtsprechung zur rechtzeitigen Geltendmachung: Wusste der Arbeitgeber nichts von der – nicht offenkundigen – Schwerbehinderung, müssen Beschäftigte sie ihm nach Zugang einer Kündigung im Regelfall innerhalb von drei Wochen mitteilen. Versäumen sie das, ist das Recht, sich auf den Sonderkündigungsschutz zu berufen, verwirkt. Dauerhaftes Schweigen führt damit praktisch zum Wegfall des Schutzes für diese Kündigung. War die Schwerbehinderung noch nicht festgestellt, muss zudem der Antrag mindestens drei Wochen vor Zugang der Kündigung gestellt worden sein.
Verschärfend wirkt eine wahrheitswidrige Antwort: Hat der Arbeitgeber im bestehenden Arbeitsverhältnis zulässig nach der Schwerbehinderung gefragt und wurde sie verneint, ist die Berufung auf den besonderen Kündigungsschutz ebenfalls ausgeschlossen. Zwei Dinge bleiben aber erhalten: Der allgemeine Kündigungsschutz nach dem KSchG gilt unabhängig davon. Und das bloße Verschweigen einer Schwerbehinderung, die die geschuldete Tätigkeit nicht berührt, rechtfertigt keine Anfechtung des

Arbeitsvertrags wegen arglistiger Täuschung. Wer den besonderen Schutz nutzen will, muss sich also rechtzeitig erklären.

31. Wer im Betrieb darf von der Schwerbehinderung erfahren und wer nicht?

Die Schwerbehinderteneigenschaft ist ein sensibles Gesundheitsdatum. Ist sie offengelegt, darf der Arbeitgeber sie nicht frei im Betrieb verbreiten. Es gilt das Erforderlichkeitsprinzip: Nur wer die Information für seine Aufgaben benötigt, darf sie erfahren.

Zu diesem Kreis gehört regelmäßig die Personalabteilung, denn sie verwaltet Zusatzurlaub, die Anrechnung auf die Beschäftigungspflicht und das Anzeigeverfahren gegenüber der Agentur für Arbeit. Unmittelbare Vorgesetzte dürfen informiert werden, soweit dies für den Arbeitseinsatz nötig ist, etwa bei der Freistellung von Mehrarbeit oder beim behinderungsgerechten Einsatz. Auch dann ist nur das Erforderliche mitzuteilen, nicht die Diagnose.

Kraft Gesetzes erfährt es die SBV: Sie ist in allen Angelegenheiten, die schwerbehinderte Menschen berühren, unverzüglich und umfassend zu unterrichten (§ 178 Abs. 2 SGB IX) und unterliegt strenger Verschwiegenheit. Auch Betriebs- oder Personalrat haben Informationsrechte. Der Inklusionsbeauftragte und der Betriebsarzt – Letzterer mit ärztlicher Schweigepflicht – können einbezogen sein.

Nicht erfahren dürfen dagegen Kolleginnen und Kollegen oder das Team. Eine Bekanntgabe in Besprechungen, Verteilern oder Aushängen ist ohne Einwilligung unzulässig und verletzt Persönlichkeitsrecht und Datenschutz. Die Beschäftigten entscheiden allein, wem sie sich darüber hinaus anvertrauen.

32. Wie sind Gesundheits- und Schwerbehindertendaten datenschutzrechtlich geschützt?

Angaben zur Schwerbehinderung – der Status selbst, der GdB, erst recht Diagnosen – sind Gesundheitsdaten und zählen zu den besonderen Kategorien personenbezogener Daten (Art. 9 DSGVO). Für sie gilt ein grundsätzliches Verarbeitungsverbot: Der Arbeitgeber darf sie nur erheben, speichern oder weitergeben, wenn eine ausdrückliche Erlaubnis greift.
Im Arbeitsverhältnis ist die Verarbeitung vor allem dann erlaubt, wenn sie erforderlich ist, um Rechte und Pflichten aus dem Arbeits- und Sozialrecht zu erfüllen (Art. 9 Abs. 2 Buchst. b DSGVO, § 26 Abs. 3 BDSG), etwa um Zusatzurlaub zu gewähren, die Anzeige gegenüber der Agentur für Arbeit zu erstellen oder das Zustimmungsverfahren vor einer Kündigung zu betreiben. Daneben kommt eine ausdrückliche, freiwillige Einwilligung der Beschäftigten in Betracht, die sich auf diese Daten beziehen muss und widerruflich ist.
Stets gelten Zweckbindung und Datenminimierung: Die Daten dürfen nur für den konkreten Zweck genutzt werden, der Zugriff ist technisch und organisatorisch auf die befugten Personen zu beschränken, und nicht mehr benötigte Daten sind zu löschen. Beschäftigte haben Auskunfts-, Berichtigungs- und Löschungsrechte und können sich bei der Datenschutzaufsicht beschweren. Bei Verstößen drohen Schadensersatz und Bußgelder.
Auf Behördenseite schützt zusätzlich das Sozialgeheimnis (§ 35 SGB I, §§ 67 ff. SGB X): Versorgungsamt und Agentur für Arbeit dürfen dem Arbeitgeber ohne Einwilligung grundsätzlich nichts mitteilen.

33. Darf die Schwerbehinderung in der Personalakte vermerkt werden?

Der Vermerk ist zulässig und in Grenzen sogar geboten. Ist die Schwerbehinderung offengelegt, um die besonderen Rechte zu nutzen, darf der Arbeitgeber sie dokumentieren. Er ist außerdem verpflichtet, ein laufendes Verzeichnis der schwerbehinderten und gleichgestellten Beschäftigten zu führen und es der Agentur für Arbeit und dem Integrationsamt auf Verlangen vorzulegen (§ 163 Abs. 1 SGB IX). In die Personalakte gehört aber nur

das Erforderliche: der Status, gegebenenfalls der GdB und die Befristung, nicht die Diagnose oder die Art der Behinderung. Die Akte ist vertraulich zu behandeln. Gesundheitsdaten sollten getrennt und zugriffsgesichert abgelegt werden.
Anders die Ausweiskopie: Zum Nachweis genügt die Vorlage zur Einsicht. Eine Kopie des Ausweises ist dafür nicht erforderlich – er enthält mit Lichtbild und Merkzeichen mehr Daten als benötigt – und darf deshalb ohne ausdrückliche Einwilligung der beschäftigten Person weder gefertigt noch zur Akte genommen werden. Es reicht, dass der Arbeitgeber die Einsichtnahme mit den nötigen Angaben vermerkt. Die Einwilligung kann verweigert werden, ohne dass Nachteile entstehen dürfen.
Beschäftigte können ihre Personalakte jederzeit einsehen (§ 83 BetrVG; im öffentlichen Dienst gelten entsprechende Regeln) und die Entfernung unrichtiger oder unzulässiger Angaben verlangen. Auf ihren Wunsch hin ziehen sie dabei die SBV hinzu (§ 178 Abs. 3 SGB IX).

34. Welche Daten braucht und erhält die SBV und welche Verschwiegenheitspflichten gelten?

Damit die SBV fördern, überwachen und beraten kann, braucht sie personenbezogene Daten. Der Arbeitgeber muss sie in allen Angelegenheiten, die einen einzelnen oder die schwerbehinderten Menschen als Gruppe berühren, unverzüglich und umfassend unterrichten und vor Entscheidungen anhören (§ 178 Abs. 2 SGB IX). Dabei erfährt sie zwangsläufig Namen, Status und Maßnahme. Wie der Betriebsrat kann sie eine Namensliste der schwerbehinderten Beschäftigten verlangen.
Sensiblere Zugriffe hängen am Willen der Betroffenen. In die Personalakte darf die SBV nur auf Wunsch der Beschäftigten Einsicht nehmen. Beim BEM entscheiden diese über ihre Hinzuziehung. Diagnosen muss ihr niemand offenbaren: Sie braucht Status und Auswirkungen, nicht die Krankheitsgeschichte.
Spiegelbild ist eine strenge Verschwiegenheitspflicht (§ 179 Abs. 7 SGB IX): Vertrauensperson und stellvertretende Mitglieder müssen über vertrauliche persönliche Verhältnisse – etwa Krankheiten oder Familienverhältnisse – Stillschweigen bewahren, auch nach der Amtszeit. Verstöße

können strafbar sein (§§ 237af. SGB IX); die betroffene Person kann von der Pflicht entbinden.
Gegenüber Betriebs- und Personalrat gilt sie grundsätzlich nicht, beide sind selbst voll schweigepflichtig. Betriebs- und Geschäftsgeheimnisse muss die SBV nur geheim halten, wenn der Arbeitgeber sie ausdrücklich und berechtigt so bezeichnet hat. Die Unterrichtung verweigern kann er unter Berufung auf Geheimnisse aber nicht.

35. Darf der Betriebsrat eine Namensliste schwerbehinderter Beschäftigter verlangen?

Nach gefestigter BAG-Rechtsprechung kann der Betriebsrat vom Arbeitgeber Auskunft über die im Betrieb beschäftigten schwerbehinderten und gleichgestellten Menschen verlangen – mit Vor- und Familiennamen einschließlich der leitenden Angestellten (BAG 9.4.2019 – 1 ABR 51/17; 7.5.2019 – 1 ABR 53/17; zuletzt 9.5.2023 – 1 ABR 14/22).
Grundlage ist der Unterrichtungsanspruch aus § 80 Abs. 2 Satz 1 BetrVG i.V.m. den Aufgaben des Betriebsrats: Er hat die Eingliederung schwerbehinderter Menschen zu fördern (§ 80 Abs. 1 Nr. 4 BetrVG), die Arbeitgeberpflichten zu überwachen und auf die Wahl einer SBV hinzuwirken (§ 176 SGB IX). Ohne die Namen kann er weder die Voraussetzungen einer SBV-Wahl prüfen noch die Versammlung zur Wahlvorstandsbestellung einleiten. Der Anspruch besteht unabhängig von anstehenden Wahlen.
Der Datenschutz steht dem nicht entgegen. Die Weitergabe ist zur Erfüllung gesetzlicher Pflichten erforderlich. Eine Einwilligung ist nicht nötig, ein Vetorecht haben die Betroffenen nicht. Der Betriebsrat muss die sensiblen Daten aber seinerseits schützen. Der Arbeitgeber kann ein Schutzkonzept verlangen, etwa beschränkten Zugriff. Die Pflichten des Gremiums stellt § 79a BetrVG klar. Erfasst sind nur Beschäftigte, deren Status dem Arbeitgeber bekannt ist. Diagnosen gehören nicht auf die Liste. Für den Personalrat gilt Entsprechendes.

36. Wie passen Datenschutz und Beteiligungsrechte von SBV, Betriebs- und Personalrat zusammen?

Das Spannungsfeld ist kleiner, als es scheint: Beteiligungsrechte und Datenschutz schließen sich nicht aus, sondern greifen ineinander. Den rechtlichen Schlüssel liefert das Erlaubnisprinzip: Die Unterrichtung von SBV, Betriebs- und Personalrat ist eine gesetzliche Pflicht des Arbeitgebers; ihre Erfüllung ist datenschutzrechtlich erlaubt (Art. 9 Abs. 2 Buchst. b DSGVO, § 26 Abs. 3 BDSG bzw. Landesdatenschutzrecht). Datenschutz ist deshalb kein Sperrrecht gegen die Beteiligung, umgekehrt entbindet sie nicht vom Datenschutz.

Im Alltag helfen drei Leitprinzipien:

- **Erforderlichkeit:** Weitergegeben wird nur, was das Gremium für die konkrete Aufgabe braucht.
- **Wille der Betroffenen:** Wo das Gesetz ihn voraussetzt – etwa bei Personalakte oder BEM-Hinzuziehung – geht ohne Zustimmung nichts.
- **Vertraulichkeit:** SBV, Betriebs- und Personalrat müssen die erhaltenen Daten schützen – durch beschränkten Zugriff, sichere Aufbewahrung und gelebte Verschwiegenheit. Für den Betriebsrat stellt § 79a BetrVG dies klar, für den Personalrat gilt Entsprechendes. Arbeitgeber bzw. Dienststelle bleiben datenschutzrechtlich verantwortlich.

Bewährt hat sich, die Informationswege verbindlich zu regeln, etwa in einer Betriebs- oder Dienstvereinbarung oder in der Inklusionsvereinbarung: wer wann welche Daten erhält und wie sie geschützt werden. Verweigert der Arbeitgeber Informationen dennoch unter Berufung auf den Datenschutz, trägt das meist nicht.

E. Bewerbung, Einstellung und Stellenbesetzung

37. Welche besonderen Pflichten hat der Arbeitgeber bei der Besetzung freier Stellen im Zusammenhang mit Schwerbehinderung?

Bei der Besetzung freier Stellen trifft den Arbeitgeber ein Pflichtenbündel aus § 164 Abs. 1 SGB IX. Es gilt für jeden Arbeitgeber – nicht nur für jene, die ab 20 Arbeitsplätzen die Fünf-Prozent-Pflichtquote für schwerbehinderte Beschäftigte erfüllen müssen – und soll schwerbehinderten Menschen eine faire Chance sichern.

Am Anfang steht die Prüfpflicht: Bei jeder freien Stelle ist zu prüfen, ob sie mit schwerbehinderten Menschen besetzt werden kann, insbesondere mit bei der Agentur für Arbeit arbeitslos oder arbeitsuchend Gemeldeten. Dazu nimmt der Arbeitgeber frühzeitig Verbindung mit der Agentur auf, die geeignete schwerbehinderte Menschen vorschlägt.

Hinzu kommen Beteiligungspflichten: Über Vermittlungsvorschläge und alle Bewerbungen schwerbehinderter Menschen muss er SBV und Betriebs- oder Personalrat unmittelbar nach Eingang unterrichten. Bei der Prüfung ist die SBV zu beteiligen – es sei denn, die sich bewerbende Person lehnt deren Beteiligung ausdrücklich ab.

Verschärft wird dies, wenn der Arbeitgeber die Pflichtquote nicht erfüllt. Will er die schwerbehinderte Person dann nicht einstellen und ist SBV oder Betriebs- bzw. Personalrat nicht einverstanden, muss er die Entscheidung mit ihnen erörtern und begründen. Die Person ist anzuhören, alle Beteiligten sind unverzüglich mit Gründen zu unterrichten. Verstöße machen die Stellenbesetzung nicht unwirksam, wiegen aber schwer: Sie sind ein Indiz für eine Benachteiligung – mit Entschädigungsrisiko nach dem AGG.

38. Wie ist die Agentur für Arbeit bei freien Stellen im Zusammenhang mit Schwerbehinderung einzuschalten?

Die Pflicht, bei jeder freien Stelle frühzeitig Verbindung mit der Agentur für Arbeit aufzunehmen, ist der praktische Kern des Pflichtenbündels aus § 164 Abs. 1 SGB IX. Die vorgelagerte Prüfung muss ergebnisoffen vor der Besetzungsentscheidung erfolgen, unabhängig von der Erfüllung der Beschäftigungspflicht und davon, ob sich schwerbehinderte Menschen beworben haben.
Was »frühzeitig Verbindung aufnehmen« (§ 164 Abs. 1 Satz 2 SGB IX) bedeutet, hat das BAG jüngst präzisiert (27.3.2025 – 8 AZR 123/24): Es genügt nicht, die Stelle öffentlich auszuschreiben oder lediglich in die Jobbörse der Bundesagentur einzustellen. Erforderlich ist ein ausdrücklicher Vermittlungsauftrag an die Agentur über deren vorgesehene Kommunikationswege und mit den nötigen Stellendaten. Erst er ermöglicht gezielte Vermittlungsvorschläge. Das gilt für private wie für öffentliche Arbeitgeber.
Unterlässt der Arbeitgeber den Auftrag, verstößt er gegen seine Förderpflicht. Das begründet im Entschädigungsprozess die Vermutung einer Benachteiligung wegen der Schwerbehinderung (§ 22 AGG), die der Arbeitgeber widerlegen muss. Es drohen Entschädigungsansprüche selbst ohne Benachteiligungsabsicht.
Für SBV, Betriebs- und Personalrat heißt das praktisch: bei jeder Ausschreibung nachfragen, ob ein dokumentierter Vermittlungsauftrag vorliegt. Die Unterrichtung über eingehende Bewerbungen schwerbehinderter Menschen wird ausgelöst, sobald die Schwerbehinderung für den Arbeitgeber erkennbar ist.

39. Gilt die Prüf- und Beteiligungspflicht bei Schwerbehinderten auch bei internen Stellen, Versetzungen und Beförderungen?

Im Kern gilt sie auch dort. »Freier Arbeitsplatz« (§ 164 Abs. 1 SGB IX) ist jeder Platz, der besetzt werden soll, frei geworden oder neu geschaffen. Auch Ausbildungsplätze zählen dazu. Die Prüfpflicht beginnt, sobald die

Besetzungsabsicht feststeht, also noch vor der Ausschreibung und sie greift nach der Rechtsprechung auch bei einer rein internen Stellenbesetzung. Daraus folgt: Besetzt werden darf erst, wenn die Prüfung erfolgt, die SBV beteiligt und Betriebs- oder Personalrat angehört ist. Prüfpflicht und SBV-Beteiligung gelten selbst für Stellen leitender Angestellter und bei geplanter Besetzung mit Leiharbeitnehmern – auch dann sind zunächst eigene schwerbehinderte Beschäftigte zu berücksichtigen.
Bei Versetzungen und Beförderungen kommt hinzu, dass jede Maßnahme, die einen schwerbehinderten Menschen berührt, die Beteiligung der SBV auslöst (§ 178 Abs. 2 SGB IX). Interne Bewerbungen schwerbehinderter Beschäftigter sind den Gremien ebenso zur Kenntnis zu geben wie externe. Bei Einstellungen und Versetzungen bestimmen Betriebs- oder Personalrat ohnehin mit.
Eine Besonderheit gilt für öffentliche Arbeitgeber: Sie melden freie Stellen der Agentur erst nach erfolgloser Prüfung der internen Besetzung (§ 165 SGB IX); die Einladungspflicht zum Vorstellungsgespräch gilt aber auch bei berechtigt nur intern ausgeschriebenen. Entscheidet sich ein privater Arbeitgeber für die externe Suche, gilt die Pflicht zum Vermittlungsauftrag.

40. Müssen öffentliche Arbeitgeber schwerbehinderte Bewerber zum Vorstellungsgespräch einladen?

Öffentliche Arbeitgeber – Bund, Länder, Kommunen, Körperschaften, Anstalten und Stiftungen des öffentlichen Rechts – müssen schwerbehinderte und gleichgestellte Bewerber zum Vorstellungsgespräch einladen (§ 165 Satz 3 SGB IX). Gewollt ist die persönliche Chance: Wer nach Aktenlage schwächer wirkt, soll im Gespräch überzeugen können. Private Arbeitgeber trifft die Einladungspflicht nicht.
Die einzige gesetzliche Ausnahme ist eng: Die Einladung ist entbehrlich, wenn die fachliche Eignung offensichtlich fehlt (§ 165 Satz 4 SGB IX). Maßstab ist allein das zulässige Anforderungsprofil der Ausschreibung. Offensichtlich heißt: auf den ersten Blick, ohne vernünftigen Zweifel. Bloße Zweifel genügen nicht, sie sollen gerade im Gespräch ausgeräumt werden.

Daneben entfällt die Pflicht nach der Rechtsprechung, wenn das Besetzungsverfahren abgebrochen und ohne Einstellung beendet wird oder wenn Bewerber die Regelaltersgrenze überschritten haben und die Ablehnung deshalb nach § 10 AGG gerechtfertigt ist. Bewerber trifft zudem eine Mitwirkungsobliegenheit: Schwerbehinderung oder Gleichstellung sind rechtzeitig und deutlich offenzulegen. Aussagekräftige Unterlagen müssen die Eignungsprüfung ermöglichen. Einzuladen ist auch, wer sich auf eine berechtigt nur intern ausgeschriebene Stelle beworben hat.
Unterbleibt die gebotene Einladung, ist dies das klassische Indiz für eine Benachteiligung wegen der Behinderung (§ 22 AGG) mit erheblichem Entschädigungsrisiko.

41. Wie und wann ist die SBV bei Bewerbungen und Einstellungen zu beteiligen?

Die Beteiligung der SBV verläuft in Stufen und beginnt früh, nicht erst nach der Vorauswahl.
Die erste Stufe ist die Prüfung: Sobald feststeht, dass ein Arbeitsplatz besetzt werden soll, beteiligt der Arbeitgeber die SBV an der Prüfung, ob die Stelle mit einem schwerbehinderten Menschen besetzt werden kann (§ 164 Abs. 1i. V. m. § 178 Abs. 2 SGB IX). Dafür benötigt sie die Arbeitsplatzbeschreibung samt Anforderungsprofil.
Die zweite Stufe folgt mit dem Eingang von Bewerbungen: Über Vermittlungsvorschläge der Agentur für Arbeit und über alle Bewerbungen schwerbehinderter Menschen ist die SBV unmittelbar nach Eingang zu unterrichten, also vor jeder Vorauswahl. Während des Verfahrens kann sie Bewerbungsunterlagen einsehen und an Vorstellungsgesprächen teilnehmen.
Die dritte Stufe liegt vor der Entscheidung: Die SBV ist anzuhören, ihre Stellungnahme zu würdigen und die getroffene Entscheidung ihr unverzüglich mitzuteilen. Erfüllt der Arbeitgeber die Pflichtquote nicht, kommt die Erörterungspflicht hinzu. Die Auswahlentscheidung selbst bleibt beim Arbeitgeber.
Wird die SBV übergangen, greift die Sanktion des § 178 Abs. 2 Satz 2 SGB IX: Die Durchführung der Entscheidung ist auszusetzen und die Beteiligung binnen sieben Tagen nachzuholen. Zur Zustimmungsverweigerung

berechtigt das den Betriebs- bzw. Personalrat nach dem BAG allein nicht, anders bei verletzten Pflichten aus § 164 Abs. 1, etwa Prüfung oder Gremien-Unterrichtung (§ 99 Abs. 2 Nr. 1 BetrVG bzw. Personalvertretungsrecht).

42. Darf die SBV Bewerbungsunterlagen einsehen und am Vorstellungsgespräch teilnehmen?

Ja, beides. § 178 Abs. 2 Satz 4 SGB IX gibt der SBV das Recht auf Beteiligung am Auswahlverfahren und auf Einsicht in die entscheidungsrelevanten Teile der Bewerbungsunterlagen. Ausgelöst wird es, sobald Vermittlungsvorschläge der Agentur für Arbeit vorliegen oder sich schwerbehinderte oder gleichgestellte Menschen beworben haben.

Das Einsichtsrecht reicht weit: Es erfasst die Unterlagen aller Bewerber, also auch der nicht schwerbehinderten Mitbewerber; denn nur im Vergleich kann die SBV die Auswahl nachvollziehen. Entscheidungsrelevant sind die persönlichen und leistungsbezogenen Daten, etwa Lebenslauf, Zeugnisse und Qualifikationen. Einsicht bedeutet allerdings nicht Überlassung: Der Arbeitgeber muss Einblick gewähren (bei digitalen Verfahren kann das durch einen Lesezugriff im Bewerbungsportal geschehen), Kopien kann die SBV grundsätzlich nicht verlangen.

Die Beteiligung am Auswahlverfahren umfasst die Teilnahme an den Vorstellungs- und Auswahlgesprächen. Ob das auch die Gespräche mit nicht schwerbehinderten Mitbewerbern einschließt, ist nicht abschließend geklärt, wird aber überwiegend bejaht, mit demselben Argument des Vergleichs.

Eine wichtige Grenze setzt der Bewerber selbst: Lehnt der schwerbehinderte Mensch die Beteiligung der SBV ausdrücklich ab, entfällt sie (§ 164 Abs. 1 Satz 10 SGB IX). Im Übrigen sichert die Verschwiegenheitspflicht der SBV den vertraulichen Umgang mit allen Bewerberdaten ab.

43. Welche Beteiligungs- und Mitbestimmungsrechte hat der Betriebsrat bei Einstellungen?

Kernnorm ist § 99 BetrVG: In Unternehmen mit in der Regel mehr als 20 wahlberechtigten Beschäftigten bedarf jede Einstellung der Zustimmung des Betriebsrats. Vorher muss der Arbeitgeber ihn umfassend unterrichten, mit den Bewerbungsunterlagen aller Bewerber, Auskunft über die ausgewählte Person und Angaben zu Arbeitsplatz und Eingruppierung.
Der Betriebsrat kann die Zustimmung nur aus den Kataloggründen des § 99 Abs. 2 BetrVG verweigern – schriftlich, begründet, binnen einer Woche; sonst gilt sie als erteilt. Verweigert er sie, kann der Arbeitgeber die Ersetzung beim Arbeitsgericht beantragen; bei dringenden Erfordernissen ist eine vorläufige Durchführung möglich (§ 100 BetrVG).
Für schwerbehinderte Menschen sind zwei Verweigerungsgründe besonders wichtig: der Gesetzesverstoß (Nr. 1) – etwa wenn der Arbeitgeber die Prüfpflicht aus § 164 Abs. 1 SGB IX missachtet hat, und zwar unabhängig davon, ob er die Pflichtquote erfüllt – und die Besorgnis von Nachteilen für Beschäftigte des Betriebs (Nr. 3), etwa wenn ein geeigneter schwerbehinderter Beschäftigter bei interner Bewerbung ohne sachlichen Grund übergangen wird.
Schon vor dem Zustimmungsverfahren greifen seine Rechte aus § 164 Abs. 1 SGB IX. In kleineren Unternehmen entfällt das Zustimmungsverfahren; Unterrichtungs- und Überwachungsrechte bleiben. Im öffentlichen Dienst gilt für den Personalrat Entsprechendes nach den Personalvertretungsgesetzen.

44. Darf der Betriebsrat die Zustimmung verweigern, wenn die SBV übergangen wurde?

Nein, jedenfalls nicht allein deshalb. Nach dem BAG kann der Betriebsrat die Zustimmung nicht nach § 99 Abs. 2 Nr. 1 BetrVG mit der Begründung verweigern, der Arbeitgeber habe die Beteiligungsrechte der SBV verletzt (Beschluss vom 11.6.2025 – 1 ABR 29/24). Im Fall hatte der Arbeitgeber die SBV über die Bewerbung eines Gleichgestellten unterrichtet, ihr aber die Gesprächstermine nicht mitgeteilt.

Die Begründung: Das Beteiligungsrecht der SBV ist eigenständig und zielt – anders als die Mitbestimmung des Betriebsrats – nicht auf ein Vetorecht. Wird die SBV übergangen, gibt ihr das Gesetz ein eigenes Instrument: das Aussetzungsrecht des § 178 Abs. 2 Satz 2 SGB IX. Es steht ausschließlich der SBV zu; der Betriebsrat darf nicht stellvertretend »einspringen«, sonst griffe er in die Organrechte der SBV ein.

Praktisch heißt das: Die SBV muss selbst handeln, d. h. Aussetzung und Nachholung verlangen, notfalls im Beschlussverfahren. Die unterlassene Beteiligung bleibt bußgeldbewehrt mit bis zu 10 000 Euro (§ 238 Abs. 1 Nr. 7 und 8 SGB IX) und kann Indiz einer Benachteiligung sein.

Davon zu trennen sind Verstöße des Arbeitgebers gegen seine eigenen Pflichten aus § 164 Abs. 1 SGB IX: Hat er die Besetzbarkeit mit schwerbehinderten Menschen nicht geprüft oder die Agentur nicht eingeschaltet, verstößt die Einstellung selbst gegen ein Gesetz; darauf kann der Betriebsrat die Verweigerung weiterhin stützen (BAG 14. 11. 1989 – 1 ABR 88/88).

45. Was bedeutet das Benachteiligungsverbot für schwerbehinderte Bewerber?

Das Benachteiligungsverbot ist doppelt verankert: § 164 Abs. 2 SGB IX verbietet die Benachteiligung wegen der Behinderung und verweist für die Einzelheiten auf das AGG. Bewerber gelten dabei ausdrücklich als Beschäftigte (§ 6 Abs. 1 Satz 2 AGG). Geschützt ist der gesamte Zugang zur Beschäftigung, von der Ausschreibung über Auswahlkriterien und -verfahren bis zur Einstellungsentscheidung. Der Schutz greift zudem nicht erst ab einem GdB von 50: Über das AGG sind alle Menschen mit Behinderungen erfasst – europarechtlich jede länger andauernde Beeinträchtigung, die der gleichberechtigten Teilhabe am Arbeitsleben entgegenstehen kann.

Verboten sind unmittelbare und mittelbare Benachteiligungen sowie Belästigungen. Eine Benachteiligung liegt schon vor, wenn die Behinderung Teil des Motivbündels für die Ablehnung war. Sie muss nicht der einzige Grund sein. Auch verweigerte angemessene Vorkehrungen im Verfahren – etwa ein nicht barrierefreier Einstellungstest – können benachteiligen.

Zulässig bleibt eine unterschiedliche Behandlung nur, wenn die Anforderung wesentlich und entscheidend für die konkrete Tätigkeit ist (§ 8 AGG).

Ausdrücklich erlaubt ist umgekehrt die gezielte Bevorzugung schwerbehinderter Bewerber als positive Maßnahme (§ 5 AGG).
Rechtsfolge eines Verstoßes ist kein Anspruch auf Einstellung (§ 15 Abs. 6 AGG), wohl aber Entschädigung und Schadensersatz.

46. Welche Ansprüche haben benachteiligte Bewerber und welche Fristen gelten?

Die Stelle selbst lässt sich nicht erstreiten. Benachteiligte Bewerber haben aber zwei Geldansprüche gegen den Arbeitgeber; vorausgesetzt, die Bewerbung war ernsthaft: Wer nur die Entschädigung sucht, ist nach der Rechtsprechung nicht geschützt.
Im Mittelpunkt steht die Entschädigung für den immateriellen Schaden (§ 15 Abs. 2 AGG). Sie ist verschuldensunabhängig. Ihre Höhe muss angemessen sein und richtet sich nach Schwere und Folgen der Benachteiligung. Wäre der Bewerber auch bei benachteiligungsfreier Auswahl nicht eingestellt worden, ist sie auf höchstens drei Monatsgehälter gedeckelt.
Daneben tritt der Schadensersatz für materielle Schäden (§ 15 Abs. 1 AGG), etwa Bewerbungskosten, ausnahmsweise Verdienstausfall. Er ist der Höhe nach unbegrenzt, setzt aber voraus, dass der Arbeitgeber die Pflichtverletzung zu vertreten hat.
Entscheidend sind die Ausschlussfristen: Der Anspruch muss binnen zwei Monaten schriftlich gegenüber dem Arbeitgeber geltend gemacht werden – bei Bewerbungen ab Zugang der Ablehnung (§ 15 Abs. 4 AGG). Für die Entschädigungsklage bleiben dann drei Monate ab Geltendmachung (§ 61b ArbGG). Wer eine der Fristen versäumt, verliert den Anspruch. Praktisch heißt das: Zugang der Absage dokumentieren und Indizien früh sichern.
Ausblick: Ein im Mai 2026 beschlossener Regierungsentwurf zur AGG-Änderung will die Geltendmachungsfrist auf vier Monate verlängern; zudem soll eine unabhängige Schlichtungsstelle bei der Antidiskriminierungsstelle des Bundes ein Streitschlichtungsverfahren anbieten und als Beistand vor Gericht auftreten können. Bis zum Inkrafttreten bleibt es bei der Zwei-Monats-Frist.

47. Welche Indizien sprechen für eine Benachteiligung schwerbehinderter Bewerber?

Den Schlüssel liefert § 22 AGG: Der Bewerber muss die Benachteiligung nicht voll beweisen. Es genügt, Indizien darzulegen, die eine Benachteiligung wegen der Behinderung vermuten lassen. Dann kehrt sich die Beweislast um, und der Arbeitgeber muss voll beweisen, dass die Behinderung in seinem Motivbündel keine Rolle spielte.
Die klassischen Indizien sind Verstöße gegen die Verfahrens- und Förderpflichten des SGB IX, denn sie sollen gerade die Chancen schwerbehinderter Bewerber sichern. Dazu zählen die unterlassene Einladung durch einen öffentlichen Arbeitgeber, der fehlende Vermittlungsauftrag an die Agentur, die unterlassene Prüfung (§ 164 Abs. 1 SGB IX) sowie die fehlende oder verspätete Unterrichtung und Beteiligung von SBV und Betriebs- oder Personalrat. Daneben: die unzulässige Frage nach der Schwerbehinderung und diskriminierende Formulierungen in Ausschreibung, Gespräch oder Absage.
Voraussetzung ist, dass der Arbeitgeber die Schwerbehinderung kannte oder kennen musste, sie muss deutlich offengelegt sein.
Für die Widerlegung gilt ein strenger Maßstab: Der Arbeitgeber muss nachweisen, dass ausschließlich andere Gründe die Entscheidung trugen. Der Hinweis, ein Mitbewerber sei besser qualifiziert gewesen, räumt die Vermutung nicht aus. Er begrenzt allenfalls die Höhe der Entschädigung. Für SBV, Betriebs- und Personalrat heißt das: Verfahrensverstöße sorgfältig dokumentieren.

48. Welche Anforderungen gelten für barrierefreie digitale Bewerbungs- und Auswahlverfahren?

Je nach Arbeitgeber gelten verschiedene Regelwerke. Klar ist die Lage bei öffentlichen Arbeitgebern: Nach dem Behindertengleichstellungsgesetz und der BITV 2.0 – in den Ländern nach entsprechenden Regelungen – müssen Websites und Apps einschließlich Karriereportal und Online-Bewerbung barrierefrei sein.
Für private Arbeitgeber ist die Lage differenzierter. Das Barrierefreiheitsstärkungsgesetz (BFSG, seit 28. 6. 2025) erfasst digitale Verbraucherdienste;

ob Bewerbungsportale darunterfallen, ist umstritten. Gewichtige Stimmen verneinen das, weil Bewerben keine Verbraucherdienstleistung ist. Verlassen sollte sich darauf niemand: Nach § 164 Abs. 2 SGB IX und dem AGG können unzugängliche Verfahren mittelbar benachteiligen; im Einzelfall sind angemessene Vorkehrungen geschuldet, etwa ein alternativer Bewerbungsweg, angepasste Tests, mehr Zeit oder Assistenz im Gespräch. Barrierefrei deutet in der Praxis: Das Verfahren muss für alle wahrnehmbar, bedienbar und verständlich sein – etwa mit Screenreader und Tastatur nutzbar, mit lesbaren Kontrasten, ohne unlösbare Captchas. Technischer Maßstab sind die WCAG (Stufe AA) bzw. die EN 301 549. Auch ein KI-gestützte Vorauswahl muss diskriminierungsfrei arbeiten.

> **Für die Gremien wichtig:**
> Die Einführung von Bewerbermanagementsystemen unterliegt der Mitbestimmung (§ 87 Abs. 1 Nr. 6 BetrVG bzw. Personalvertretungsrecht), die SBV ist zu beteiligen; Standards lassen sich in der Inklusionsvereinbarung verankern.

F. Behinderungsgerechte Beschäftigung und angemessene Vorkehrungen

49. Worauf haben schwerbehinderte Beschäftigte gegenüber dem Arbeitgeber Anspruch?

Die zentrale Anspruchsgrundlage ist § 164 Abs. 4 SGB IX. Sie gibt schwerbehinderten und gleichgestellten Beschäftigten einklagbare Rechte gegen den Arbeitgeber, keine bloßen Programmsätze: Maßstab ist die konkrete Behinderung und ihre Auswirkung auf die Beschäftigung.
Der Katalog umfasst fünf Ansprüche:

- Beschäftigung, bei der Fähigkeiten und Kenntnisse möglichst voll verwertet und weiterentwickelt werden können.
- Bevorzugte Berücksichtigung bei innerbetrieblichen Maßnahmen der beruflichen Bildung.
- Erleichterungen im zumutbaren Umfang für außerbetriebliche berufliche Bildung.
- Behinderungsgerechte Einrichtung und Unterhaltung der Arbeitsstätte – einschließlich Gestaltung von Arbeitsplatz, Arbeitsumfeld, Arbeitsorganisation und Arbeitszeit.
- Ausstattung des Arbeitsplatzes mit den erforderlichen technischen Arbeitshilfen.

Oft übersehen werden die beiden Bildungsansprüche: bevorzugte Auswahl bei internen Fortbildungen, für externe Freistellung oder angepasste Arbeitszeiten und der eigenständige Teilzeitanspruch des § 164 Abs. 5 SGB IX.
Alle Ansprüche stehen unter einem Vorbehalt: Sie entfallen, soweit die Erfüllung unzumutbar oder unverhältnismäßig aufwendig ist oder Arbeitsschutz- bzw. beamtenrechtliche Vorschriften entgegenstehen; Förderleistungen des Integrationsamts erweitern die Zumutbarkeit. Durchsetzbar sind sie notfalls gerichtlich; SBV, Betriebs- und Personalrat unterstützen.

> **Praxistipp:**
> Bedarf konkret anzeigen, dann muss der Arbeitgeber handeln.

50. Was bedeutet »behinderungsgerechte Beschäftigung« konkret?

Behinderungsgerecht ist eine Beschäftigung, die zwei Maßstäbe zugleich erfüllt: Gesundheitszustand und Qualifikation. § 164 Abs. 4 Nr. 1 SGB IX verlangt einen Einsatz, bei dem Fähigkeiten und Kenntnisse »möglichst voll verwertet und weiterentwickelt« werden können. Das ist mehr als »irgendeine« Beschäftigung: Dauerhafte Unterforderung verletzt den Anspruch ebenso wie behinderungsbedingte Überforderung.

Daraus folgen konkrete Pflichten. Der Arbeitgeber muss aktiv werden, sobald er den Bedarf kennt oder kennen muss, ein förmliches Verlangen ist nicht nötig. Kraft gesteigerter Fürsorgepflicht kann er verpflichtet sein, den vorhandenen Arbeitsplatz behinderungsgerecht umzugestalten. Erwirbt der Beschäftigte eine höhere Qualifikation, ist ein höherwertiger – auch höher dotierter – Einsatz zu prüfen. Aufstiegsmöglichkeiten dürfen ihm nicht vorenthalten werden, zumutbare Umorganisation eingeschlossen.

> **Wichtig:**
> Der Anspruch zielt nicht auf klassische »Schonarbeitsplätze« wie Pförtner- oder Botenposten, sondern auf die Weiterentwicklung der vorhandenen Kompetenzen. Wird ein Arbeitsplatzwechsel nötig, gilt eine Stufenfolge: zuerst Umgestaltung des bisherigen Platzes, dann Einsatz auf einem geeigneten freien, notfalls umgestalteten Arbeitsplatz.
> Der Anspruch umfasst nach der Rechtsprechung auch die Beschäftigung während der stufenweisen Wiedereingliederung. Grenze bleibt: Einen besetzten Arbeitsplatz muss der Arbeitgeber nicht durch Kündigung freimachen.

51. Besteht ein Anspruch auf behinderungsgerechte Gestaltung von Arbeitsplatz, -umfeld, -organisation und -zeit?

§ 164 Abs. 4 Nr. 4 SGB IX gibt einen einklagbaren Anspruch, der die gesamte Arbeitssituation erfasst – von der Arbeitsstätte samt Maschinen und Anlagen bis zur Gestaltung von Arbeitsplatz, Arbeitsumfeld, Arbeitsorganisation und Arbeitszeit, unter besonderer Berücksichtigung der Unfallgefahr. Maßstab ist die konkrete Funktionseinschränkung. Flankierend verpflichtet § 3a Abs. 2 ArbStättV Arbeitgeber, die Belange beschäftigter Menschen mit Behinderungen bei der Einrichtung zu berücksichtigen.
Bei Arbeitsplatz und Umfeld geht es etwa um ergonomische Ausstattung, stufenlosen Zugang, Bewegungsflächen, Beleuchtung und Lärmschutz; die Arbeitsorganisation umfasst eine andere Aufgabenverteilung im Team, angepasstes Tempo, klare Abläufe und die Herausnahme einzelner nicht leistbarer Tätigkeiten.
Besonders praxisrelevant ist die Arbeitszeit: Geschuldet ist eine behinderungsgerechte Lage und Verteilung samt Pausen- und Erholungszeiten. Daraus kann folgen, dass keine Einteilung zu Nacht-, Wochenend- oder Rufbereitschaftsdiensten erfolgen darf oder die Arbeitszeit auf die Fünftagewoche zu beschränken ist. Die Verkürzung regelt Abs. 5; auch der Arbeitsort gehört zur Gestaltung – bis zum Telearbeitsplatz.
Ausgangspunkt ist die individuelle Gefährdungsbeurteilung. Das Integrationsamt berät dazu technisch. Die SBV wirkt über Begehungen mit, Betriebs- bzw. Personalrat über die Mitbestimmung; die Grenze zieht die Zumutbarkeit.

52. Anspruch auf Ausstattung mit technischen Arbeitshilfen – wer zahlt?

§ 164 Abs. 4 Nr. 5 SGB IX gibt einen einklagbaren Anspruch auf Ausstattung des Arbeitsplatzes mit den erforderlichen technischen Arbeitshilfen. Die Spannbreite reicht von Steh- und Hebehilfen über flexibles Büromobiliar bis zu Lesehilfe und Braille-Arbeitsplatz. Erforderlich ist, was die behinderungsbedingte Einschränkung am konkreten Arbeitsplatz

ausgleicht. Persönliche Hilfsmittel wie Hörgerät oder Rollstuhl sind dagegen Sache der Kranken- und Rehabilitationsträger.
Schuldner ist der Arbeitgeber, doch er steht nicht allein: § 164 Abs. 4 Satz 2 SGB IX verpflichtet Bundesagentur für Arbeit und Integrationsämter, ihn fachlich und finanziell zu unterstützen.
Die Finanzierung ist geschichtet: Vorrangig leisten die Rehabilitationsträger im Rahmen der Teilhabe am Arbeitsleben; nachrangig hilft das Integrationsamt aus der Ausgleichsabgabe – mit Leistungen an den Beschäftigten für technische Arbeitshilfen, regelmäßig in voller Höhe einschließlich Wartung und Ersatz, und an den Arbeitgeber für die behinderungsgerechte Einrichtung. Seit dem 1. 1. 2024 gilt zudem eine Genehmigungsfiktion. Entscheidet das Integrationsamt über bestimmte Leistungsanträge nicht binnen sechs Wochen, gelten sie als genehmigt (§ 185 Abs. 9 SGB IX).

> **Praxistipp:**
> Den Technischen Beratungsdienst früh einschalten; die SBV unterstützt bei der Antragstellung. Zudem entbinden fehlende Fördermittel den Arbeitgeber nicht ohne Weiteres.

53. Was sind »angemessene Vorkehrungen« und wo liegt die Grenze der Unzumutbarkeit mit Blick auf die UN-Behindertenrechtskonvention?

Der Begriff stammt aus der UN-Behindertenrechtskonvention (Art. 2) und Art. 5 der Richtlinie 2000/78/EG: Angemessene Vorkehrungen sind die im Einzelfall erforderlichen Anpassungen für gleichberechtigte Teilhabe an Beschäftigung, Aufstieg und Bildung, sofern sie den Arbeitgeber nicht unverhältnismäßig belasten. Im deutschen Recht konkretisiert vor allem § 164 Abs. 4 SGB IX diese Pflicht; über das AGG gilt sie für alle Menschen mit Behinderungen, schon im Bewerbungsverfahren.
»Vorkehrungen« sind der Oberbegriff dieser Maßnahmen – sie reichen nach dem EuGH bis zur Versetzung auf einen anderen Arbeitsplatz. Die Verweigerung zumutbarer Vorkehrungen ist selbst eine Benachteiligung wegen der Behinderung mit Entschädigungsrisiko.
Die Grenze zieht § 164 Abs. 4 Satz 3 SGB IX: Der Anspruch entfällt, soweit die Erfüllung unzumutbar oder unverhältnismäßig aufwendig ist oder

Arbeitsschutz- bzw. beamtenrechtliche Vorschriften entgegenstehen. Das ist eine Einzelfallabwägung: Kosten, Größe und Leistungsfähigkeit des Unternehmens, Nachteile für andere Beschäftigte, Erfüllungsgrad der Pflichtquote.
Entscheidend: Fördermittel zählen mit; was Integrationsamt oder Rehabilitationsträger finanzieren, belastet den Arbeitgeber nicht; er muss sie ausschöpfen, bevor er sich auf Unzumutbarkeit beruft. Und was das Arbeitsschutzrecht ohnehin verlangt, ist nie unzumutbar. Die Darlegungs- und Beweislast trägt der Arbeitgeber; pauschale Kostenargumente genügen nicht.

54. Muss der Arbeitgeber Umbauten oder Spezialsoftware für Schwerbehinderte vorfinanzieren, wenn Fördermittel (noch) fehlen?

Im Grundsatz ja. Schuldner der behinderungsgerechten Ausstattung ist und bleibt der Arbeitgeber (§ 164 Abs. 4 SGB IX); die Förderung betrifft nur sein Verhältnis zum Leistungsträger. Der Beschäftigte muss weder selbst vorleisten noch auf einen Förderbescheid warten; sein Anspruch besteht unabhängig davon.
Die Feinsteuerung läuft über die Zumutbarkeit: Ist die Maßnahme auch ohne Förderung zumutbar – bei überschaubaren Kosten die Regel –, muss der Arbeitgeber sie sofort umsetzen und vorfinanzieren; die Erstattung holt er sich danach. Wäre sie nur mit Förderung zumutbar, muss er die Förderung unverzüglich beantragen und das Verfahren zügig betreiben. Wer keinen Antrag stellt, kann sich nicht auf Unzumutbarkeit berufen. Für die Wartezeit sind Zwischenlösungen geschuldet, etwa eine vorläufige Umorganisation.
Das Zeitargument trägt ohnehin kaum noch: Seit 2024 gelten bestimmte Anträge beim Integrationsamt nach sechs Wochen als genehmigt, und in Eilfällen muss das Amt kraft seines »Wächteramtes« sogar in Vorleistung für andere Träger treten. Nur wenn die Förderung bestandskräftig abgelehnt wird und die Maßnahme ohne sie unverhältnismäßig bleibt, kann der Anspruch entfallen.

Bleibt der Arbeitgeber untätig, verweigert er angemessene Vorkehrungen mit Benachteiligungsrisiko. Bei einer späteren Kündigung wird ihm die Unterlassung entgegengehalten. SBV, Betriebs- und Personalrat sollten die Antragstellung einfordern und dokumentieren.

55. Besteht ein Anspruch auf behinderungsgerechte Teilzeit?

§ 164 Abs. 5 SGB IX vermittelt einen Anspruch auf Teilzeitbeschäftigung, wenn die kürzere Arbeitszeit wegen Art oder Schwere der Behinderung notwendig ist. Die Verringerung kann täglich, wöchentlich oder monatlich ansetzen und schließt die nötige Umgestaltung der Arbeitsorganisation – etwa der Schichteinteilung – ein. Der EuGH wertet die Arbeitszeitverkürzung als angemessene Vorkehrung. Der Anspruch gilt auch für Gleichgestellte.

Dieser Anspruch ist deutlich stärker als § 8 TzBfG: ohne Mindestbetriebsgröße (auch in Kleinunternehmen mit bis zu 15 Beschäftigten), ohne die sechsmonatige Wartezeit und ohne Antrags- oder Sperrfristen. Einzige Voraussetzung ist die behinderungsbedingte Notwendigkeit, die regelmäßig ärztlich zu belegen ist.

Ausgeschlossen ist der Anspruch nur in zwei Konstellationen: wenn die Verkürzung nicht behinderungsbedingt notwendig ist – dann bleibt nur der TzBfG-Weg – oder wenn sie für den Arbeitgeber unzumutbar, unverhältnismäßig aufwendig oder arbeitsschutzwidrig wäre. Bloße betriebliche Gründe genügen nicht. Zudem zählen Fördermittel auch hier zur Zumutbarkeit; Teilzeit ab 15 Wochenstunden wird sogar gefördert.

> **Praxistipp:**
> Das Entgelt sinkt entsprechend. Daher sollte vorab geprüft werden, ob die Arbeitszeitgestaltung oder eine stufenweise Wiedereingliederung genügt. Bei vorübergehendem Bedarf nur befristet reduzieren. Bei der Verteilung der Arbeitszeit bestimmen Betriebs- oder Personalrat mit.

56. Kann Homeoffice oder mobile Arbeit eine angemessene Vorkehrung zur behinderungsgerechten Beschäftigung sein?

Der Arbeitsort gehört zur behinderungsgerechten Gestaltung nach § 164 Abs. 4 Nr. 4 SGB IX. Homeoffice oder mobile Arbeit kann deshalb eine geschuldete angemessene Vorkehrung sein – nach der Rechtsprechung unmittelbar einklagbar, selbst wenn der Arbeitsvertrag dafür anzupassen ist.
Zwei Voraussetzungen müssen erfüllt sein. Erstens die behinderungsbedingte Erforderlichkeit: Gerade die häusliche Arbeit muss die Einschränkung ausgleichen, etwa bei beschwerlichem Arbeitsweg, Infektionsschutzbedarf, nötiger Reizabschirmung oder flexiblen Liege- und Pausenmöglichkeiten. Zweitens die Eignung der Tätigkeit: Die Aufgaben müssen ortsunabhängig zu erledigen sein oder sich durch zumutbare Umorganisation so zuschneiden lassen; oft genügt eine teilweise, hybride Lösung.
Die Grenzen zieht die Zumutbarkeit: Einen allgemeinen Homeoffice-Anspruch gibt es nicht, und präsenzgebundene Tätigkeiten scheiden aus. Eine pauschale Ablehnung trägt aber nicht, erst recht nicht, wenn vergleichbare Beschäftigte mobil arbeiten dürfen. Das wäre ein Indiz für eine Benachteiligung.
Die Pflichten gelten im Homeoffice weiter: Auch der Telearbeitsplatz ist behinderungsgerecht auszustatten und förderfähig; die Gefährdungsbeurteilung erfasst ihn.

> **Praxistipp:**
> Konkreten Vorschlag mit ärztlicher Begründung vorlegen, SBV einbinden, ggf. über das BEM anstoßen; die Ausgestaltung mobiler Arbeit unterliegt der Mitbestimmung (§ 87 Abs. 1 Nr. 14 BetrVG bzw. Personalvertretungsrecht).

57. Darf ein schwerbehinderter Mensch eine bestimmte leidensgerechte Tätigkeit oder Versetzung verlangen?

Kann die bisherige Tätigkeit wegen der Behinderung nicht mehr ausgeübt werden, verdichtet sich der Beschäftigungsanspruch: Der Arbeitgeber muss sein Weisungsrecht leidensgerecht ausüben; gibt es nur eine geeignete Tätigkeit, schrumpft sein Ermessen auf null – dann besteht Anspruch auf genau diese.

Die Rechtsprechung folgt einer Stufenfolge: Zuerst ist der bisherige Arbeitsplatz umzugestalten. Geht das nicht, kann der Beschäftigte die Umsetzung auf einen geeigneten freien – notfalls umgestalteten – Arbeitsplatz verlangen. »Frei« sind auch Plätze, die der Arbeitgeber treuwidrig anderweitig besetzt hat. Sogar das Freimachen eines besetzten Platzes durch Weisung an andere Beschäftigte kann geschuldet sein, soweit ihnen zumutbar. Eine Kündigung Dritter aber nie. Reicht das Direktionsrecht nicht, kann der Beschäftigte die Vertragsänderung verlangen, auch in eine andere Entgeltgruppe.

Einen zusätzlichen, nicht benötigten Arbeitsplatz muss der Arbeitgeber nicht schaffen; bei mehreren geeigneten Plätzen bleibt ihm die Auswahl, insgesamt gilt der Zumutbarkeitsvorbehalt.

Praxistipp:
Das Verlangen konkretisieren und das ärztliche Leistungsbild vorlegen, also die Bescheinigung, welche Tätigkeiten möglich sind und welche nicht; Diagnosen gehören nicht hinein. Die nötige Gremienzustimmung muss der Arbeitgeber selbst einholen (§ 99 BetrVG bzw. Personalvertretungsrecht). Verweigert er eine mögliche leidensgerechte Beschäftigung, gerät er in Annahmeverzug und schuldet die Vergütung. Das BEM ist der Ort, die passende Tätigkeit zu finden.

58. Was gilt für Schwerbehinderte bei Versetzung, Umsetzung und Änderung der Tätigkeit?

Zwei Ebenen laufen parallel. Individualrechtlich gilt das Direktionsrecht (§ 106 GewO): Der Arbeitgeber bestimmt Inhalt, Ort und Zeit nach billigem Ermessen – bei schwerbehinderten Menschen heißt das: leidensgerecht. Eine unbillige, nicht leidensgerechte Weisung ist unverbindlich. Alles darüber hinaus braucht einen Änderungsvertrag oder eine Änderungskündigung, Letztere nur mit Zustimmung des Integrationsamts.

Betriebsverfassungsrechtlich ist Versetzung die Zuweisung eines anderen Arbeitsbereichs für voraussichtlich über einen Monat oder mit erheblicher Änderung der Umstände (§ 95 Abs. 3 BetrVG), unabhängig von der individualrechtlichen Deckung. Die Umsetzung im selben Arbeitsbereich löst keine Mitbestimmung aus.

In Unternehmen mit mehr als 20 Wahlberechtigten braucht jede Versetzung die Zustimmung des Betriebsrats (§ 99 BetrVG). Er kann eine nicht leidensgerechte Versetzung stoppen, als Verstoß gegen § 164 Abs. 4 SGB IX oder als Benachteiligung des Betroffenen. Verlangt umgekehrt der Beschäftigte die leidensgerechte Versetzung, muss der Arbeitgeber das Zustimmungsverfahren selbst betreiben – notfalls bis zur gerichtlichen Ersetzung. Werden dafür andere umgesetzt, ist auch deren Versetzung mitbestimmungspflichtig.

Die SBV ist vor jeder Maßnahme zu unterrichten und anzuhören. Bei Übergehung kann sie aussetzen lassen – ein Veto des Betriebsrats allein deswegen gibt es nicht. Für den Personalrat gilt Entsprechendes.

59. Müssen Software, Intranet und digitale Arbeitsmittel barrierefrei sein?

Eine allgemeine Pflicht privater Arbeitgeber, sämtliche Arbeitsmittel barrierefrei zu gestalten, gibt es nicht und das BFSG ändert daran wenig: Es erfasst Produkte und Verbraucherdienste, nicht die interne Arbeitsumgebung. Indirekt wirkt es, weil marktgängige Hard- und Software zunehmend barrierefrei angeboten wird.

Die eigentliche Pflicht entsteht individuell: Beschäftigt der Arbeitgeber einen schwerbehinderten Menschen, müssen dessen digitale Arbeitsmittel – Fachsoftware, Intranet, Kollaborations- und Zeiterfassungssysteme für ihn nutzbar sein (§ 164 Abs. 4 Nr. 4 und 5 SGB IX). Es gilt der Dreiklang wahrnehmbar, bedienbar, verständlich (WCAG Stufe AA), ergänzt etwa um Untertitel in Videokonferenzen. Assistive Ausstattung ist förderfähige technische Arbeitshilfe; die Verweigerung ist eine verweigerte angemessene Vorkehrung. Flankierend verlangt das Arbeitsschutzrecht benutzergerechte Gestaltung der Bildschirmarbeit.

Im öffentlichen Dienst geht die Pflicht weiter: BGG und BITV 2.0 erfassen auch Intranets, elektronische Verwaltungsabläufe und grafische Programmoberflächen – Maßstab EN 301 549/WCAG.

In der Praxis entscheidet sich Barrierefreiheit bei der Beschaffung: Nachrüsten ist teuer – Barrierefreiheit deshalb als Kriterium in IT-Rahmenvereinbarungen (§ 87 Abs. 1 Nr. 6 BetrVG) und der Inklusionsvereinbarung verankern; die SBV ist bei neuen Systemen zu beteiligen (§ 178 Abs. 2 SGB IX).

60. Welche Rolle hat die SBV bei der behinderungsgerechten Arbeitsgestaltung?

Die SBV ist bei der Arbeitsgestaltung Wächterin und Motor zugleich. Nach § 178 Abs. 1 SGB IX überwacht sie, ob der Arbeitgeber seine Gestaltungspflichten erfüllt (§ 164 Abs. 4 SGB IX), und beantragt von sich aus Maßnahmen, die schwerbehinderten Beschäftigten dienen, ein Initiativrecht, etwa für ergonomische Ausstattung, Umbauten oder barrierefreie Software.

Ein Begehungsrecht nennt das Gesetz nicht ausdrücklich, es folgt aber aus diesen Aufgaben: Die Vertrauensperson darf die Arbeitsplätze aufsuchen und besichtigen. Der Arbeitgeber muss ihr den Zutritt ermöglichen. Arbeitsplatzbegehungen – etwa zur Gefährdungsbeurteilung oder mit Fachkraft für Arbeitssicherheit und Betriebsarzt – gehören zum Kernbestand der Amtsausübung und sind auch stellvertretenden Mitgliedern übertragbar.

Drehscheibe für die Gestaltung ist der Arbeitsschutz: Die SBV nimmt beratend an allen Sitzungen des Arbeitsschutzausschusses teil (§ 178 Abs. 4 SGB IX; zu bilden bei mehr als 20 Beschäftigten, § 11 ASiG) – der richtige Ort für Gestaltungsthemen. Vor jeder Gestaltungsentscheidung, die schwerbehinderte Menschen berührt (vom Umbau bis zur neuen Software), ist sie zu unterrichten und anzuhören.

Nach außen kann sie den Technischen Beratungsdienst einschalten und Förderanträge unterstützen; dauerhafte Standards gehören in die Inklusionsvereinbarung. Die Mitbestimmung des Betriebs- bzw. Personalrats flankiert.

61. Welche Mitbestimmungsrechte des Betriebsrats greifen bei Arbeitsplatzgestaltung, Arbeitszeit und Gesundheitsschutz?

Drei Mitbestimmungsfelder greifen ineinander. Bei der Planung: Nach § 90 BetrVG ist der Betriebsrat über Neu- und Umbauten, technische Anlagen, Arbeitsverfahren und die Gestaltung der Arbeitsplätze rechtzeitig zu unterrichten und zu beraten – so früh, dass seine Vorschläge noch einfließen. Maßstab sind die gesicherten arbeitswissenschaftlichen Erkenntnisse über die menschengerechte Gestaltung der Arbeit. Widerspricht eine Maßnahme ihnen offensichtlich und belastet besonders, kann der Betriebsrat nach § 91 BetrVG Abhilfe verlangen (korrigierende Mitbestimmung), notfalls entscheidet die Einigungsstelle.

Bei der Arbeitszeit bestimmt er über Beginn und Ende, Pausen und Verteilung auf die Wochentage mit (§ 87 Abs. 1 Nr. 2 und 3 BetrVG), dies ist der Schlüssel zu behinderungsgerechten Schicht- und Pausenmodellen.

Beim Gesundheitsschutz ist die Ausgestaltung von Gefährdungsbeurteilung und Schutzmaßnahmen mitbestimmungspflichtig (§ 87 Abs. 1 Nr. 7 BetrVG). Hinzu kommen technische Einrichtungen (§ 87 Abs. 1 Nr. 6 BetrVG) und mobile Arbeit (§ 87 Abs. 1 Nr. 14 BetrVG). Echte Mitbestimmung schließt das Initiativrecht ein: Der Betriebsrat kann damit Regelungen selbst anstoßen und erzwingen.

Die Standards gehören in Betriebs- oder Dienstvereinbarungen, verzahnt mit der Inklusionsvereinbarung. Die Arbeitsteilung: Die SBV liefert Fachwissen und Initiativen, der Betriebsrat die Erzwingbarkeit.

G. Zusatzurlaub, Mehrarbeit und Arbeitszeit

62. Wie viele Tage Zusatzurlaub stehen schwerbehinderten Menschen zu?

Schwerbehinderte Menschen haben Anspruch auf fünf Arbeitstage bezahlten Zusatzurlaub im Urlaubsjahr – bezogen auf die Fünftagewoche (§ 208 Abs. 1 Satz 1 SGB IX; bei anderer Verteilung wird entsprechend umgerechnet). Der Gesetzgeber erkennt damit ihr erhöhtes Erholungsbedürfnis an. Voraussetzung ist die Schwerbehinderteneigenschaft, also ein GdB von mindestens 50. Gleichgestellte erhalten den Zusatzurlaub nicht.

Rechtlich handelt es sich um gesetzlichen Mindesturlaub: Er ist unabdingbar (§ 13 Abs. 1 Satz 1 BUrlG), kann also weder vertraglich ausgeschlossen noch mit anderem Urlaub verrechnet werden. Er tritt zum gesamten sonstigen Urlaubsanspruch hinzu, auch zu einem längeren tariflichen oder vertraglichen Urlaub, nicht nur zum gesetzlichen Mindesturlaub. Wer also vertraglich 28 Urlaubstage hat, kommt auf 33. Sehen Tarifvertrag oder Betriebsvereinbarung einen längeren Zusatzurlaub vor, bleibt dieser unberührt.

Im Übrigen folgt der Zusatzurlaub den allgemeinen Urlaubsregeln: Er wird wie der Erholungsurlaub festgelegt und vergütet und ist bei Beendigung des Arbeitsverhältnisses abzugelten, soweit er nicht mehr genommen werden kann. Er entsteht kraft Gesetzes, ein besonderer Antrag ist nicht nötig. In der Praxis muss der Arbeitgeber die Schwerbehinderung allerdings kennen.

63. Wie wird der Zusatzurlaub für Schwerbehinderte bei abweichender Verteilung der Arbeitstage berechnet?

Die Grundregel lautet: Es zählen die Arbeitstage, nicht die Stunden. Maßgeblich ist die persönliche regelmäßige Verteilung der Arbeitszeit, nicht die betriebsübliche. Verteilt sie sich auf mehr oder weniger als fünf Tage in der Woche, erhöht oder vermindert sich der Zusatzurlaub entsprechend (§ 208 Abs. 1 Satz 1 SGB IX).

Daraus folgt: Bei einer Sechstagewoche – etwa im Einzelhandel – stehen sechs Tage Zusatzurlaub zu, bei einer Viertagewoche vier, bei Teilzeit an drei Tagen drei. Umgekehrt gilt: Wer an fünf Tagen mit verkürzter Stundenzahl arbeitet, behält die vollen fünf Tage, denn Teilzeit in Stunden mindert den Anspruch nicht; jeder Urlaubstag befreit dann eben von einem kürzeren Arbeitstag.

Bei unregelmäßiger Verteilung (Schichtmodelle, wechselnder Einsatz, etc.) ist nach dem BAG die individuelle Zahl der Jahresarbeitstage zu ermitteln und ins Verhältnis zu den 260 Arbeitstagen der Fünftagewoche zu setzen: fünf Tage mal Jahresarbeitstage geteilt durch 260. Bruchteile werden hier nicht gerundet, sondern stundenweise freigestellt oder abgegolten – die Aufrundung ab einem halben Tag gilt nur für die Zwölftelung bei unterjähriger Anerkennung.

> **Praxisbeispiel:**
> 182 Schichttage im Jahr ergeben 3,5 Tage Zusatzurlaub, also drei volle Tage plus einen halben Tag in Stunden.
> Ändert sich die Verteilung im Laufe des Jahres, wird abschnittsweise umgerechnet. SBV, Betriebs- und Personalrat sollten bei Schicht- und Teilzeitmodellen auf die korrekte Umrechnung achten.

64. Was gilt für den Zusatzurlaub bei unterjährigem Eintritt oder Ausscheiden der Schwerbehinderteneigenschaft?

Besteht die Schwerbehinderteneigenschaft nicht das ganze Kalenderjahr, wird gezwölftelt: Für jeden vollen Kalendermonat mit Eigenschaft im Beschäftigungsverhältnis entsteht ein Zwölftel des Zusatzurlaubs (§ 208

Abs. 2 Satz 1 SGB IX); Bruchteile von mindestens einem halben Tag werden auf volle Urlaubstage aufgerundet; kleinere Bruchteile werden nicht abgerundet, sondern bleiben anteilig bestehen.
Wirkt die Feststellung ab dem 20. März, zählen April bis Dezember als neun volle Monate – neun Zwölftel von fünf Tagen sind 3,75, aufgerundet vier Tage. Wird die Schwerbehinderung rückwirkend für frühere Jahre festgestellt, greifen die Übertragungsregeln.
Beim Wegfall ist die Auslauffrist zu beachten: Wird der GdB unter 50 herabgesetzt oder die Anerkennung entzogen, endet die Eigenschaft und damit der Erwerb von Zusatzurlaub erst mit Ablauf des dritten Kalendermonats nach Unanfechtbarkeit des Bescheids; erst ab dann wird gezwölftelt.
Wichtig ist das Verbot der Doppelkürzung (§ 208 Abs. 2 Satz 3 SGB IX): Besteht auch das Arbeitsverhältnis nicht im ganzen Kalenderjahr, darf der bereits gezwölftelte Zusatzurlaub nicht zusätzlich nach den allgemeinen Urlaubsregeln gekürzt werden.

> **Praxisbeispiel:**
> Wer als anerkannt schwerbehinderter Mensch zum 1. Juli eingestellt wird, erhält sechs Zwölftel von fünf Tagen (2,5, aufgerundet drei Tage) Zusatzurlaub ohne weitere Kürzung wegen des halben Beschäftigungsjahres.

65. Verfällt der Zusatzurlaub für Schwerbehinderte und was gilt bei rückwirkender Anerkennung?

Der Zusatzurlaub folgt den allgemeinen Urlaubsregeln: Bindung ans Kalenderjahr, Übertragung bis 31. März nur bei dringenden Gründen (§ 7 Abs. 3 BUrlG). Wie sonst verfällt er aber nur, wenn der Arbeitgeber zuvor zur Urlaubsnahme aufgefordert und auf den Verfall hingewiesen hat; bei durchgehender Krankheit erst 15 Monate nach Jahresende. Diese Obliegenheiten setzen die Kenntnis der Schwerbehinderung voraus. Auch deshalb lohnt die Offenlegung gegenüber dem Arbeitgeber.
Heikel ist die Rückwirkung: Der Anspruch entsteht zwar mit der Eigenschaft, doch das laufende Feststellungsverfahren ist kein Übertragungsgrund. Nach dem BAG genügt weder die bloße Mitteilung des Antrags noch eine vorsorgliche Anmeldung; nötig ist beides – Information über

das Verfahren plus bestimmtes, vorbehaltloses Urlaubsverlangen für einen konkreten Zeitraum des laufenden Jahres.
Wer das tut, ist geschützt: Verweigert der Arbeitgeber und wird die Schwerbehinderung später rückwirkend festgestellt, entsteht ein Schadensersatzanspruch: Ersatzurlaub im Folgejahr – frei von Ausschlussfristen, aber mit den üblichen Urlaubsfristen des § 7 Abs. 3 BUrlG. Für die Übertragung gelten nach § 208 Abs. 3 SGB IX die allgemeinen Urlaubsregeln: keine unbegrenzte Ansammlung.
Bei Beendigung ist offener Zusatzurlaub abzugelten, selbst wenn der Arbeitgeber erst nach dem Ausscheiden von der Anerkennung erfährt.

> **Praxistipp:**
> Etwaige tarifliche/arbeitsvertragliche Ausschlussfristen laufen ab dem Ausscheiden, den Abgeltungsanspruch daher rechtzeitig geltend machen.

66. Besteht der Anspruch auf Zusatzurlaub auch bei Gleichstellung?

Nein. § 151 Abs. 3 SGB IX nimmt den Zusatzurlaub (ebenso wie die unentgeltliche Beförderung im Nahverkehr) ausdrücklich von der Gleichstellung aus. Der Gesetzgeber versteht die Gleichstellung als Instrument der Arbeitsplatzsicherung. Das erhöhte Erholungsbedürfnis knüpft er erst an einen GdB von 50. Alle übrigen Schutzrechte stehen Gleichgestellten dagegen zu, insbesondere die Freistellung von Mehrarbeit und der besondere Kündigungsschutz.
Günstigere Regelungen bleiben möglich: Tarifvertrag, Betriebs- oder Dienstvereinbarung und Arbeitsvertrag können Gleichgestellten Zusatzurlaub einräumen; einzelne Tarifverträge staffeln den Urlaub sogar schon ab einem GdB von 30. Der Blick in den eigenen Tarifvertrag lohnt; und Betriebsrat und SBV können das Thema als freiwillige Leistung in einer Betriebsvereinbarung oder der Inklusionsvereinbarung verankern.
Eine historische Besonderheit gilt im Saarland: Dort stand Beschäftigten der Privatwirtschaft mit einem GdB zwischen 25 und 49 Zusatzurlaub zu. Die Regelung ist zwar zum 1. 1. 2000 außer Kraft getreten, wer die Voraussetzungen damals aber bereits erfüllte, behält den Anspruch.

> **Praxistipp:**
> Liegt der GdB mit 40 knapp unter der Schwelle und hat sich der Gesundheitszustand verschlechtert, lohnt ein Änderungsantrag, denn mit der Anerkennung ab GdB 50 entsteht dann auch der Zusatzurlaubsanspruch.

67. Was bedeutet die Freistellung von Mehrarbeit auf Verlangen?

§ 207 SGB IX verbietet Mehrarbeit nicht, er gibt schwerbehinderten Menschen vielmehr ein einseitiges Gestaltungsrecht: Auf ihr Verlangen werden sie von Mehrarbeit freigestellt. Ohne Verlangen keine Freistellung: Wer herangezogen wird, darf nicht einfach nach Ende der regulären Arbeitszeit gehen, sondern muss ausdrücklich widersprechen. Die Freistellung wirkt ab Zugang der Erklärung beim Arbeitgeber für die Zukunft.
Dafür ist der Anspruch hürdenfrei: Es braucht weder Begründung noch Darlegung gesundheitlicher Gründe noch ärztliche Bescheinigung. Der Arbeitgeber hat weder Ermessen noch Zumutbarkeitsprüfung. Mehrarbeit ist für schwerbehinderte und gleichgestellte Menschen schlicht freiwillig. Das Verlangen ist an keine Form gebunden. Aus Beweisgründen empfiehlt sich die Schriftform. Es kann dauerhaft oder für bestimmte Zeiträume erklärt und jederzeit widerrufen werden.
Aus der Ablehnung darf kein Nachteil entstehen (§ 612a BGB) – weder Abmahnung noch schlechtere Behandlung im Dienstplan. Auch Betriebs- und Dienstvereinbarungen über Arbeitszeit und Mehrarbeit müssen dieses Recht berücksichtigen. Eine Weisung zur Mehrarbeit trotz Verlangens ist unwirksam und darf folgenlos verweigert werden.
Die Durchsetzung erleichtert die inzwischen verpflichtende objektive Arbeitszeiterfassung: Sie macht sichtbar, wann die Grenze überschritten wird. SBV, Betriebs- und Personalrat achten darauf, dass Dienstpläne und Mehrarbeitsanordnungen erklärte Verlangen respektieren.

68. Was zählt als »Mehrarbeit« im Sinne von § 207 SGB IX, und gilt das auch für Überstunden unterhalb von acht Stunden?

Mehrarbeit im Sinne des § 207 SGB IX ist jede Arbeitszeit, die über acht Stunden werktäglich hinausgeht. Maßstab ist die Grenze des § 3 ArbZG, nicht die individuelle oder tarifliche Arbeitszeit. Nach dem BAG gilt die Acht-Stunden-Grenze auch bei kürzerer Tarifarbeitszeit, etwa der 35-Stunden-Woche. Wer nach acht Stunden zur neunten herangezogen werden soll, kann die Freistellung verlangen.
Die Kehrseite trifft Teilzeitbeschäftigte: Überstunden unterhalb der acht Stunden sind keine Mehrarbeit im Sinne des § 207 SGB IX. Die Teilzeitkraft mit fünf Stunden täglich, die zwei zusätzliche leisten soll, kann sich darauf nicht berufen. Schutz bieten andere Wege: Überstunden brauchen ohnehin eine vertragliche oder tarifliche Grundlage. Beruht die Teilzeit auf der behinderungsbedingten Verkürzung nach § 164 Abs. 5 SGB IX, widerspricht die Anordnung zusätzlicher Stunden regelmäßig der geschuldeten Gestaltung. Bei vorübergehender Verlängerung bestimmen Betriebs- oder Personalrat mit.
Beim Zählen gilt: Bereitschaftsdienst ist voll Arbeitszeit, bei Rufbereitschaft zählt die tatsächliche Inanspruchnahme – beides geht in die Acht-Stunden-Grenze und die elfstündige Ruhezeit (§ 5 ArbZG) ein. Unabhängig von § 207 SGB IX gilt die EU-rechtliche Obergrenze von 48 Wochenstunden.
Die Befreiung von Rufbereitschaft, Nacht- oder Schichtarbeit als solcher ist keine Mehrarbeitsfrage – sie läuft über die behinderungsgerechte Arbeitszeitgestaltung (§ 164 Abs. 4 SGB IX).

69. Gibt es einen Anspruch auf Befreiung von Nacht-, Schicht- oder Bereitschaftsdiensten bei Behinderungen?

Anspruchsgrundlage ist nicht § 207 SGB IX – der betrifft nur Mehrarbeit – sondern die behinderungsgerechte Gestaltung von Arbeitsorganisation und Arbeitszeit nach § 164 Abs. 4 Nr. 4 SGB IX. Voraussetzung: Die Befreiung muss behinderungsbedingt erforderlich sein. Das ärztliche Leis-

tungsbild sollte das konkret benennen (»keine Nachtschicht«). Anerkannt sind etwa die Befreiung von Rufbereitschaft, die Fünftagewoche statt sechs Tagen und die Herausnahme aus Nacht- und Wochenendarbeit.
Für Nachtarbeit hilft flankierend § 6 Abs. 4 ArbZG (für alle Beschäftigten): Umsetzung auf einen Tagesarbeitsplatz, wenn die Nachtarbeit nach arbeitsmedizinischer Feststellung die Gesundheit gefährdet, es sei denn, dringende betriebliche Erfordernisse stehen entgegen. Der SGB-IX-Anspruch ist schärfer: Er verlangt keine förmliche arbeitsmedizinische Feststellung, und bloße betriebliche Belange genügen nicht – nur Unzumutbarkeit.
Dort liegt auch die Grenze: In kleinen Teams kann die vollständige Herausnahme aus dem Schichtsystem unzumutbar sein; dann sind mildere Mittel zu prüfen, wie etwa feste Frühschicht, Schichttausch, Teilbefreiung. Die pauschale Begründung »alle müssen in den Plan« trägt nicht.

> **Praxistipp:**
> Ärztliches Leistungsbild vorlegen, SBV einbinden, die Dienstplan-Mitbestimmung nutzen und bei Eilbedarf einstweiligen Rechtsschutz erwägen.

70. Welche Rolle spielen SBV und Betriebsrat bei Arbeitszeit, Mehrarbeit und Dienstplänen?

Kein Dienstplan ohne Betriebsrat: Lage und Verteilung der Arbeitszeit samt Pausen unterliegen der Mitbestimmung (§ 87 Abs. 1 Nr. 2 BetrVG) – auch der konkrete Schichtplan, nicht nur das System. Jede Anordnung von Mehrarbeit oder Überstunden ist eine vorübergehende Verlängerung (Nr. 3) und braucht Zustimmung – auch im Eilfall, auch für Einzelne. Mitbestimmungswidrige Anordnungen sind unverbindlich. Im öffentlichen Dienst gilt Entsprechendes für den Personalrat.
In diese Verfahren speisen die Gremien das Schwerbehindertenrecht ein: Der Betriebsrat muss die Eingliederung fördern (§ 80 Abs. 1 Nr. 4 BetrVG, § 176 SGB IX) und kann die Zustimmung verweigern, wenn Pläne ärztliche Leistungsbilder ignorieren, Befreiungen übergehen oder Beschäftigte einplanen, die Freistellung verlangt haben. Die SBV ist vor Aufstellung und Änderung der Pläne zu unterrichten und anzuhören; sie überwacht, ob Zusatzurlaub und Freistellungen im Plan ankommen.

Gestalten statt nur kontrollieren: Die Nummern 2 und 3 sind initiativ erzwingbar. In einer Betriebs- oder Dienstvereinbarung lassen sich regeln:

- Das Verfahren zur Umsetzung von Leistungsbildern.
- Eine datensparsame Kennzeichnung im Planungssystem (»keine Nachtschicht« – ohne Diagnose).
- Tausch- und Ausgleichsregeln im Team.
- Besitzstand bei Zulagen.

Für Beschäftigte heißt das: das Freistellungsverlangen und Leistungsbilder auch den Gremien melden – so wirkt der individuelle Anspruch in der kollektiven Plankontrolle weiter.

H. Beschäftigungspflicht und Ausgleichsabgabe

71. Welche Arbeitgeber müssen wie viele schwerbehinderte Menschen beschäftigen?

Die Grundregel steht in § 154 Abs. 1 SGB IX: Private wie öffentliche Arbeitgeber mit jahresdurchschnittlich monatlich mindestens 20 Arbeitsplätzen müssen auf wenigstens fünf Prozent dieser Plätze schwerbehinderte Menschen beschäftigen (Pflichtquote); schwerbehinderte Frauen sind dabei besonders zu berücksichtigen. Angerechnet werden auch Gleichgestellte.
Kleinere Arbeitgeber trifft eine Staffel: bei jahresdurchschnittlich weniger als 40 Arbeitsplätzen ein schwerbehinderter Mensch, bei weniger als 60 zwei; erst darüber gilt die Fünf-Prozent-Regelung. Für öffentliche Arbeitgeber gilt derselbe Maßstab; § 154 Abs. 2 SGB IX bestimmt nur, wer dazu zählt.
Die Beschäftigungspflicht ist eine öffentlich-rechtliche Pflicht gegenüber dem Staat. Einen einklagbaren Einstellungsanspruch einzelner Bewerber begründet sie nicht. Bei Nichterfüllung entsteht die Ausgleichsabgabe; Verstöße wirken zudem in Einzelentscheidungen nach. Von Amts wegen durchgesetzt wird sie kaum. Der frühere Bußgeldtatbestand (§ 238 Abs. 1 Nr. 1 SGB IX) ist zum 1. 1. 2024 aufgehoben. An seine Stelle trat die vierte Abgabestaffel für Arbeitgeber ohne schwerbehinderte Beschäftigte. Die Kontrolle liegt praktisch bei SBV und Betriebs- oder Personalrat (§ 176 SGB IX) mit ihrem Namenslisten-Anspruch. Das BVerfG hat dieses System als »Kernstück« des Schwerbehindertenrechts gebilligt.

72. Wie werden Pflichtarbeitsplätze und die Mindestzahl berechnet?

Arbeitsplätze sind alle Stellen, auf denen Arbeitnehmer, Beamte, Richter sowie Auszubildende und andere zur beruflichen Bildung Eingestellte beschäftigt werden (§ 156 Abs. 1 SGB IX). Gezählt wird arbeitgeberbezogen, alle Betriebe und Dienststellen zusammen. In Schichtbetrieben werden die Schichten addiert; Teilzeitkräfte ab 18 Wochenstunden zählen als voller Platz. Auch Kurzarbeit, selbst »null«, lässt die Plätze bestehen.
Nicht mitgezählt werden (§ 156 Abs. 2 und 3 SGB IX):

- Stellen unter 18 Wochenstunden.
- Höchstens acht Wochen besetzte Stellen.
- Katalogfälle wie karitativ-religiöse Beschäftigung und Wahlämter.
- Ruhende Verhältnisse (etwa Elternzeit, Blockmodell), solange eine Vertretung eingestellt ist.

Sonderfall Ausbildung: Ausbildungsplätze werden als Arbeitsplätze nicht mitgezählt (§ 157 Abs. 1 SGB IX), schwerbehinderte Auszubildende werden auf die Pflichtplätze aber angerechnet, sogar doppelt.
Gerechnet wird jahresdurchschnittlich je Monat: fünf Prozent der so ermittelten Plätze. Bruchteile ab 0,5 werden aufgerundet, kleinere bleiben unberücksichtigt – bei jahresdurchschnittlich weniger als 60 Plätzen wird stets abgerundet (§ 157 Abs. 2 SGB IX).

> **Praxisbeispiele:**
> 70 Plätze ergeben 3,5, also 4 Pflichtplätze; 69 ergeben 3,45, also 3; 56 ergeben 2,8, abgerundet 2.
> Kontrollierbar wird die Berechnung für die SBV und den Betriebs- oder Personalrat über die jährliche Anzeige und das Verzeichnis.

73. Wie werden Beschäftigte auf die Pflichtquote angerechnet?

Jeder beschäftigte schwerbehinderte oder gleichgestellte Mensch zählt als ein Pflichtplatz (§ 158 Abs. 1 SGB IX). Teilzeit ab 18 Wochenstunden wird voll angerechnet. Unter dieser Schwelle zählt mit, wer wegen Altersteilzeit oder Teilzeitberufsausbildung reduziert hat oder für wen die Bundesagentur die Anrechnung zulässt (behinderungsbedingt notwendige Verkürzung).

Mehr als einen Platz zählen:

- Auszubildende – kraft Gesetzes doppelt (§ 159 Abs. 2 SGB IX).
- Übernommene im ersten Beschäftigungsjahr nach der Ausbildung – weiterhin doppelt, auch bei einem anderen Arbeitgeber.
- Beschäftigte, die unmittelbar aus einer Werkstatt für behinderte Menschen, von einem anderen Leistungsanbieter oder mit dem Budget für Arbeit kommen – die ersten zwei Jahre doppelt (§ 159 Abs. 2a SGB IX).
- Einzelne mit besonderen Teilhabe-Schwierigkeiten – auf Antrag lässt die Bundesagentur bis zu drei Plätze zu (§ 159 Abs. 1 SGB IX; Regelfall: zwei), etwa bei nötiger Arbeitsassistenz.

Antragsberechtigt sind Arbeitgeber wie schwerbehinderter Mensch; entschieden wird per Bescheid.

Kurios: Angerechnet werden sogar der schwerbehinderte Arbeitgeber selbst (§ 158 Abs. 4 SGB IX) und – ganz ohne Schwerbehinderung – der Inhaber eines Bergmannsversorgungsscheins (Abs. 5).

74. Was ist die Ausgleichsabgabe und wann wird sie fällig?

Die Ausgleichsabgabe ist die Folge der unerfüllten Beschäftigungspflicht: Für jeden unbesetzten Pflichtplatz zahlt der Arbeitgeber jährlich einen gestaffelten Betrag (§ 160 SGB IX). Das BVerfG billigt sie als Sonderabgabe mit Doppelfunktion (Antrieb zur Beschäftigung sowie Lastenausgleich gegenüber pflichterfüllenden Arbeitgebern), eine Strafe ist sie nicht.

Der Arbeitgeber errechnet sie anhand der Jahresdaten selbst und zahlt zum 31. März – zugleich mit der Anzeige an die Agentur für Arbeit – an das Integrationsamt an seinem Sitz (§ 160 Abs. 4 SGB IX). Bei über drei Monaten Rückstand ergeht ein Feststellungsbescheid samt Säumniszuschlägen (§ 24 SGB IV). Bund und Land gelten je als ein Arbeitgeber (§ 160 Abs. 8 SGB IX).

Die Verwendung ist streng zweckgebunden: nur für besondere Leistungen zur Teilhabe am Arbeitsleben einschließlich begleitender Hilfe. Verwaltungskosten dürfen daraus nicht bestritten werden. Ein Teil fließt an den

Ausgleichsfonds des Bundes für überregionale Programme (§ 161 SGB IX).

Für SBV und Betriebs- oder Personalrat ist die Abgabe Argument, nicht Ablass: Die Jahressumme zeigt in der Personalplanung, was unbesetzte Pflichtplätze kosten – Geld, das in Einstellungen, Ausstattung und Assistenz dem Betrieb mehr nützt als der Kasse.

75. Wie hoch ist die Ausgleichsabgabe?

Die Abgabe ist nach der Jahresquote gestaffelt und fällt je unbesetztem Pflichtplatz monatlich an (§ 160 Abs. 2 SGB IX). Seit dem 1.1.2025 – erstmals fällig zum 31.3.2026 – gelten:

- **3 bis unter 5 Prozent:** 155 Euro.
- **2 bis unter 3 Prozent:** 275 Euro.
- **Über 0 bis unter 2 Prozent:** 405 Euro.
- **Null Prozent:** 815 Euro.

Die vierte Stufe – eingeführt 2024 auf langjährige Gewerkschaftsforderung – trifft Arbeitgeber, die trotz Pflicht keinen einzigen schwerbehinderten Menschen beschäftigen: aufs Jahr 9780 Euro je Platz.

Kleinbetriebe zahlen Sonderbeträge: bei 20 bis unter 40 Arbeitsplätzen 155 Euro (Pflicht teilweise erfüllt) oder 235 Euro (gar nicht); bei 40 bis unter 60 Arbeitsplätzen 155, 275 oder 465 Euro.

Die Beträge sind dynamisch. Sie steigen mit der Bezugsgröße der Sozialversicherung – angepasst zum 1. Januar, sobald diese seit der letzten Festsetzung um mindestens 10 Prozent gestiegen ist; das BMAS macht die neuen Beträge im Bundesanzeiger bekannt. Beim Nachschlagen lohnt deshalb der Blick in die aktuelle Bekanntmachung.

Mindern lässt sich die Abgabe durch Aufträge an Werkstätten für behinderte Menschen: 50 Prozent des auf die Arbeitsleistung entfallenden Rechnungsbetrags sind anrechenbar (§ 223 SGB IX). Einstellen rechnet sich fast immer, denn Lohnkostenzuschüsse und Ausstattungsförderung drücken die Kosten regelmäßig unter die Abgabenlast. SBV und Betriebs- oder Personalrat sollten dem Arbeitgeber diese Rechnung aufmachen.

76. Kann man sich durch Zahlung der Ausgleichsabgabe von der Beschäftigungspflicht »freikaufen«?

Nein, das Gesetz schließt das ausdrücklich aus. Die Zahlung der Ausgleichsabgabe hebt die Pflicht zur Beschäftigung schwerbehinderter Menschen nicht auf (§ 160 Abs. 1 Satz 2 SGB IX). Sie ist Folge der Pflichtverletzung, nicht ihr Ersatz; eine Lizenz zur Nichtbeschäftigung ist sie damit nicht.

Das hat handfeste Konsequenzen: Alle stellenbezogenen Pflichten gelten trotz Zahlung weiter, etwa die Prüfpflicht bei jeder freien Stelle samt Einschaltung der Agentur für Arbeit und die Beteiligung der SBV. Wer zahlt und zugleich diese Pflichten verletzt, riskiert Bußgelder (§ 238 SGB IX) und Entschädigungsansprüche übergangener Bewerber. Die Quote selbst ist zwar nicht erzwingbar und nicht bußgeldbewehrt; sie fließt aber als Abwägungskriterium in Einzelentscheidungen ein, etwa bei der Zustimmung des Integrationsamts zur Kündigung.

Etwa ein Viertel der beschäftigungspflichtigen Arbeitgeber beschäftigt keinen einzigen schwerbehinderten Menschen. Darauf hat der Gesetzgeber im Jahr 2024 reagiert: Die vierte Staffel mit inzwischen 815 Euro monatlich je Platz zielt auf Arbeitgeber, die sich dauerhaft als reine »Zahler« eingerichtet haben.

Für SBV und Betriebs- oder Personalrat ist das die Argumentationslinie: Wer jahrelang lieber zahlt als einstellt, verliert in Kündigungs- und Konfliktfällen an Glaubwürdigkeit und lässt Fördermittel liegen, die das Einstellen meist günstiger machen.

77. Welche Anzeige- und Meldepflichten hat der Arbeitgeber gegenüber der Agentur für Arbeit?

Die Arbeitgeber zeigen der Agentur für Arbeit an ihrem Sitz bis spätestens 31. März fürs Vorjahr alle Daten an, die zur Berechnung von Beschäftigungspflicht und Ausgleichsabgabe nötig sind (§ 163 Abs. 2 SGB IX). Beizufügen sind das Verzeichnis und Kopien zur Weiterleitung ans Integrationsamt. Die Frist ist nicht verlängerbar. Arbeitgeber unter 20 Arbeitsplätzen zeigen nur alle fünf Jahre auf Aufforderung an (Teilerhebung).

Auf Verlangen sind Auskünfte zu erteilen und Einblick in den Betrieb zu geben.
Betriebs- oder Personalrat, SBV und Inklusionsbeauftragter erhalten kraft Gesetzes je eine Kopie von Anzeige und Verzeichnis. Damit liegt ihnen jährlich die volle Datenbasis für die Quotenkontrolle vor.
Wer bis zum 30. Juni nicht, nicht richtig oder unvollständig anzeigt, erhält einen Feststellungsbescheid der Bundesagentur, der die Angaben ersetzt. Verstöße gegen Anzeige-, Verzeichnis- und Auskunftspflichten sind bußgeldbewehrt (§ 238 SGB IX).
Zudem sind gewählte SBV-Vertrauenspersonen sowie der Inklusionsbeauftragte der Agentur für Arbeit und dem Integrationsamt unverzüglich zu benennen.

78. Welche Rechte haben SBV und Betriebsrat bei der Erfüllung der Beschäftigungspflicht?

Fundament ist das Verzeichnis nach § 163 Abs. 1 SGB IX. Jeder Arbeitgeber führt – gesondert je Betrieb und Dienststelle – laufend ein Verzeichnis der beschäftigten schwerbehinderten, gleichgestellten und sonstigen anrechnungsfähigen Personen. Die Pflicht greift ab der ersten solchen Person; Bundesagentur und Integrationsamt ist es auf Verlangen vorzulegen.
Die Gremien haben doppelten Zugriff. Jährlich erhalten sie automatisch die Kopie von Anzeige und Verzeichnis; dazwischen kann der Betriebsrat den aktuellen Stand jederzeit verlangen (§ 80 Abs. 2 BetrVG), die SBV ist in Gruppenangelegenheiten umfassend zu unterrichten (§ 178 Abs. 2 SGB IX). Getragen wird das vom Überwachungsauftrag des § 176 SGB IX: Betriebs- und Personalrat achten darauf, dass der Arbeitgeber die Pflichten der §§ 154ff. und 164ff. SGB IX erfüllt.
Für die Daten gilt die Doppelregel: Datenschutz ist kein Grund, die Weitergabe zu verweigern und die Gremien sichern sie durch beschränkten Zugriff und Verschwiegenheit.

79. Was können SBV und Betriebsrat tun, wenn der Arbeitgeber die Beschäftigungspflicht dauerhaft ignoriert?

Die Quote selbst ist nicht einklagbar.
Stellenbezogen wird jede Besetzung zum Prüfstein: Prüfpflicht und Vermittlungsauftrag an die Agentur einfordern, bei Übergehung der SBV aussetzen lassen; der Betriebsrat kann die Zustimmung verweigern, wenn der Arbeitgeber seine Pflichten aus § 164 Abs. 1 SGB IX verletzt hat. Übergangene Bewerber halten zudem den Entschädigungshebel in der Hand.
Über den Einzelfall hinaus ist die Inklusionsvereinbarung der Königsweg. Die SBV (ohne sie der Betriebsrat) kann Verhandlungen verlangen, der Arbeitgeber muss an den Tisch; hinein gehören Quotenziele, Besetzungsregeln, Erfolgskontrolle; bei Blockade hilft das Integrationsamt. Daneben gehört die Quotenlücke in die Personalplanung: Unterrichtung und Beratung nach § 92 BetrVG, Vorschläge nach § 80 Abs. 1 Nr. 4 BetrVG.
Nach außen: Bundesagentur und Integrationsamt informieren, Angaben mit Anzeige und Verzeichnis abgleichen; bei verletzten Prüf-, Beteiligungs- und Meldepflichten ein Bußgeldverfahren anregen (§ 238 SGB IX). Öffentlichkeit schaffen: die jährliche Versammlung der schwerbehinderten Beschäftigten (§ 178 Abs. 6 SGB IX) und die Betriebsversammlung als Rechenschaftsforen nutzen.

I. Schwerbehindertenvertretung (SBV)

80. Wann ist eine SBV zu wählen, und wer ist wahlberechtigt und wählbar?

Eine SBV ist zu wählen, sobald in Betrieb oder Dienststelle wenigstens fünf schwerbehinderte Menschen nicht nur vorübergehend – länger als acht Wochen – beschäftigt sind (§ 177 Abs. 1 SGB IX). Gleichgestellte zählen mit, ebenso Leihbeschäftigte nach mehr als sechs Monaten im Einsatzbetrieb (§ 14 Abs. 2 AÜG). Gewählt werden Vertrauensperson und wenigstens ein stellvertretendes Mitglied.

Wird die Fünf verfehlt, hilft die Zusammenfassung. Räumlich nahe Betriebe desselben Arbeitgebers oder gleichstufige Dienststellen können für die Wahl verbunden werden (Nachbargemeinde genügt meist). Der Arbeitgeber entscheidet im Benehmen mit dem Integrationsamt.

Gewählt wird regelmäßig alle vier Jahre vom 1. Oktober bis 30. November – turnusgemäß wieder im Herbst 2026; außerplanmäßig bei vorzeitigem Erlöschen ohne Nachrücker, erfolgreicher Anfechtung oder wenn noch keine SBV besteht. Der Betrieb- oder Personalrat muss auf die Wahl hinwirken (§ 176 SGB IX).

Wahlberechtigt sind alle beschäftigten schwerbehinderten und gleichgestellten Menschen – ohne Mindestalter und Wartezeit, sogar leitende Angestellte. Wählbar ist jeder nicht nur vorübergehend Beschäftigte ab 18 mit sechs Monaten Zugehörigkeit. Eine eigene Behinderung ist nicht nötig. Ausgeschlossen ist, wer kraft Gesetzes dem Betriebs- oder Personalrat nicht angehören kann, etwa leitende Angestellte.

81. Wie läuft die SBV-Wahl ab?

Gewählt wird geheim, unmittelbar und per Mehrheitswahl (§ 177 Abs. 6 SGB IX). Unter 50 Wahlberechtigten ist das vereinfachte Verfahren zwingend, ab 50 unzulässig; bei weit auseinanderliegenden Betriebsteilen gilt stets das förmliche.
Das vereinfachte Verfahren – heute der Regelfall – kennt keinen Wahlvorstand: Die amtierende SBV lädt spätestens drei Wochen vor Amtszeitende zur Wahlversammlung ein. Der Arbeitgeber stellt dafür das Verzeichnis bereit. Ohne SBV laden drei Wahlberechtigte, Betriebs- oder Personalrat oder das Integrationsamt ein. Gewählt wird direkt in der Versammlung; erst die Vertrauensperson, dann die stellvertretenden Mitglieder.
Im förmlichen Verfahren bestellt die SBV acht Wochen vor Amtszeitende einen Wahlvorstand aus drei volljährigen Beschäftigten (sonst per Versammlung). Er erstellt die Wählerliste (Angaben liefert der Arbeitgeber) und erlässt sechs Wochen vor dem Wahltag das Wahlausschreiben. Eine Briefwahl ist möglich.
Beide Verfahren sind barrierefrei zu gestalten; die Kosten trägt der Arbeitgeber, eine Wahlbehinderung ist verboten. Einladende, Wahlvorstand und Bewerber genießen Kündigungsschutz – nachwirkend für sechs Monate. Die Amtszeit beträgt vier Jahre ab Ergebnisbekanntgabe.

82. Wie viele Stellvertreter gibt es und wann werden sie herangezogen?

Mindestens ein stellvertretendes Mitglied wird mit der Vertrauensperson gewählt (§ 177 Abs. 1 SGB IX); mehrere sind zulässig und zu empfehlen. Scheidet die Vertrauensperson vorzeitig aus, rückt das stimmenstärkste stellvertretende Mitglied für den Rest der Amtszeit nach, ebenso beim Ausscheiden eines stellvertretenden Mitglieds (§ 177 Abs. 7 SGB IX).
Kernrolle ist die Verhinderungsvertretung bei Urlaub, Krankheit, Terminkollisionen sowie bei Befangenheit im Falle eigener Betroffenheit in einer personellen Maßnahme. Wer vertritt, handelt mit allen Rechten und Pflichten der Vertrauensperson.
Bei in der Regel mehr als 100 beschäftigten schwerbehinderten Menschen kann die Vertrauensperson das stimmenstärkste stellvertretende Mit-

glied dauerhaft zu bestimmten Aufgaben heranziehen – ganz ohne Verhinderung; der Arbeitgeber ist nur zu unterrichten (§ 178 Abs. 1 SGB IX). Ab jeweils 100 weiteren kommt das Mitglied mit der nächsthöheren Stimmenzahl hinzu – über 200 also zwei, über 300 drei. Die Abstimmung untereinander gehört dazu.
Praktisch heißt das: Aufgaben wie Arbeitsplatzbegehungen sind übertragbar. Die persönlichen Schutzrechte – vom Benachteiligungsverbot bis zum Kündigungsschutz – gelten für stellvertretende Mitglieder während Vertretung und Heranziehung entsprechend.

83. Welche Aufgaben hat die SBV?

§ 178 Abs. 1 SGB IX bündelt den Auftrag in drei Funktionen: Die SBV fördert die Eingliederung schwerbehinderter Menschen, vertritt ihre Interessen und steht ihnen beratend und helfend zur Seite. Adressat sind alle schwerbehinderten und gleichgestellten Menschen des Betriebs oder der Dienststelle.
Überwachungsfunktion (Nr. 1): Die SBV wacht über die Durchführung aller Schutznormen wie Gesetze, Tarifverträge, Betriebs- und Dienstvereinbarungen, Verwaltungsanordnungen, ausdrücklich auch der Arbeitgeberpflichten aus §§ 154, 155 und 164 bis 167 SGB IX: Beschäftigungspflicht, behinderungsgerechte Beschäftigung, Prävention und BEM. Das Werkzeug dafür liefern Unterrichtung und Anhörung.
Förder- und Initiativfunktion (Nr. 2): Die SBV beantragt Maßnahmen, die schwerbehinderten Menschen dienen (insbesondere präventive), beim Arbeitgeber ebenso wie bei Integrationsamt, Agentur für Arbeit oder Rehabilitationsträgern.

> **Praxisbeispiele:**
> Arbeitsplatzanpassungen, Dienstplan-Korrekturen, Pflichtquoteninitiativen.

Hilfsfunktion (Nr. 3): Die SBV nimmt Anregungen und Beschwerden entgegen, verhandelt bei Berechtigung mit dem Arbeitgeber auf Abhilfe und meldet Stand und Ergebnis zurück. Dazu leistet sie Antragshilfe bei Feststellungs- und Gleichstellungsanträgen; diese gilt allen Beschäftigten, nicht erst Anerkannten.

84. Was bedeutet die Unterrichtungs- und Anhörungspflicht des Arbeitgebers gegenüber der SBV?

§ 178 Abs. 2 Satz 1 SGB IX verlangt: In allen Angelegenheiten, die einen Einzelnen oder die schwerbehinderten Menschen als Gruppe berühren, ist die SBV unverzüglich und umfassend zu unterrichten und vor einer Entscheidung anzuhören. Die getroffene Entscheidung ist unverzüglich mitzuteilen. Drei Pflichten, ein Ziel: Die SBV soll Einfluss nehmen können, statt vor vollendete Tatsachen gestellt zu werden.
»Unverzüglich« bedeutet hier: im Planungsstadium, d. h. solange die Stellungnahme der SBV noch einwirken kann; »umfassend« heißt mit allen entscheidungsrelevanten Unterlagen. Die Anhörung verlangt eine echte Äußerungsmöglichkeit mit angemessener Frist. Bloße Ergebnis-Mitteilung ersetzt keine Beteiligung.
Ohne Beteiligung getroffene Entscheidungen sind in Durchführung und Vollziehung auszusetzen, die Beteiligung ist binnen sieben Tagen nachzuholen, erst dann darf endgültig entschieden werden (Satz 2); dieses Aussetzungsrecht steht allein der SBV zu. Eine ohne Beteiligung ausgesprochene Kündigung ist sogar unwirksam.
Erfasst sind personelle Einzelmaßnahmen wie Gruppenthemen – von Versetzung und BEM bis Technik; für Bewerbungen sind Beteiligung, Einsicht und Gesprächsteilnahme eigens kodifiziert. Ein Mitbestimmungsrecht ist das nicht, die Stellungnahme bindet den Arbeitgeber nicht. Ein unbegründetes Übergehen der SBV ist aber ein Indiz für Benachteiligung (§ 22 AGG).

85. Welche Folge hat es, wenn der Arbeitgeber die SBV nicht beteiligt?

Außerhalb von Kündigungen bleibt die Maßnahme wirksam. Die SBV kann aber die Aussetzung verlangen und die Beteiligung ist binnen sieben Tagen nachzuholen; notfalls erzwingbar im Beschlussverfahren. Flankierend drohen Bußgeld (§ 238 Abs. 1 Nr. 8 SGB IX) und bei Auswahlentscheidungen das AGG-Indiz mit Entschädigungsrisiko. Der Betriebsrat kann den SBV-Verstoß nicht über § 99 BetrVG sanktionieren.

Bei Kündigungen gilt seit Ende 2016 die scharfe Folge: Eine ohne Beteiligung der SBV erklärte Kündigung ist unwirksam (§ 178 Abs. 2 Satz 3 SGB IX), eine Wirksamkeitsvoraussetzung wie die Betriebsratsanhörung. Das BAG überträgt die Maßstäbe des § 102 BetrVG: vollständige Unterrichtung über Person, Kündigungsart und -gründe; Äußerungsfrist eine Woche, bei außerordentlicher Kündigung drei Kalendertage. Gekündigt werden darf erst nach Stellungnahme oder Fristablauf.
Entscheidend ist die Beteiligung vor Ausspruch der Kündigung. Nach dem BAG sogar noch nach dem Zustimmungsantrag beim Integrationsamt und der Betriebsratsanhörung nachholbar; die Anhörung durch das Amt im Zustimmungsverfahren ersetzt sie aber nie. Sie gilt auch in den ersten sechs Monaten, denn in der Wartezeit des § 1 KSchG entfällt nur die Zustimmung des Amts, nicht die SBV-Anhörung. § 102 BetrVG läuft zusätzlich.
Für Betroffene läuft die Uhr. Die Unwirksamkeit muss binnen drei Wochen mit der Kündigungsschutzklage geltend gemacht werden (§§ 4, 7 KSchG) – sonst heilt sie.

86. Welche Teilnahme-, Rede- und Aussetzungsrechte hat die SBV in Betriebs-/Personalratssitzungen?

Die SBV darf an allen Sitzungen des Betriebs- oder Personalrats, ihren Ausschüssen und am Arbeitsschutzausschuss beratend teilnehmen (§ 178 Abs. 4 SGB IX; § 32 BetrVG) und dies nicht nur bei »Behindertenthemen«. Beratend heißt: volles Rede- und Antragsrecht, kein Stimmrecht; dafür rechtzeitige Ladung mit Tagesordnung. Hinzu kommt das Initiativrecht. Angelegenheiten, die Einzelne oder die Gruppe besonders betreffen, sind auf Antrag auf die Tagesordnung der nächsten Sitzung zu setzen.
Schärfstes Instrument ist die Beschluss-Aussetzung. Erachtet die SBV einen Beschluss als erhebliche Beeinträchtigung wichtiger Interessen schwerbehinderter Menschen oder wurde sie zuvor entgegen § 178 Abs. 2 Satz 1 SGB IX übergangen, wird er auf ihren Antrag für eine Woche ab Beschlussfassung ausgesetzt, d. h. erst erneute Beratung, dann endgültige Beschlussfassung (die Aussetzungsregeln des BetrVG und des Personalvertretungsrechts gelten entsprechend).

> **Wichtig:**
> Fristen verlängert die Aussetzung nicht – die des § 99 oder § 102 BetrVG laufen weiter.

Der Betriebsrat darf nicht allein wegen übergangener SBV verweigern, aber die SBV kann seinen Beschluss stoppen und sich Gehör verschaffen.
Zu den regelmäßigen Besprechungen zwischen Arbeitgeber und Betriebs- oder Personalrat ist die SBV hinzuzuziehen (§ 178 Abs. 5 SGB IX; § 74 BetrVG, § 65 BPersVG). Sie sitzt dort auch dann mit am Tisch, wenn kein Schwerbehinderten-Thema ansteht.

87. Welche persönlichen Rechte hat die Vertrauensperson der SBV?

Fundament ist das unentgeltliche Ehrenamt (§ 179 Abs. 1 SGB IX). Die SBV ist unabhängig und zudem dreifach geschützt (Abs. 2): Die Vertrauensperson darf in der Amtsausübung nicht behindert und wegen des Amtes weder benachteiligt noch begünstigt werden – ausdrücklich auch in ihrer beruflichen Entwicklung. Benachteiligung ist jede Schlechterstellung gegenüber Vergleichbaren, wie etwa Karrierestillstand, geringerwertige Versetzung, gezielte Überlastung. Das Verbot trifft jedermann, nicht nur den Arbeitgeber. Das Begünstigungsverbot sichert die Unabhängigkeit (keine »Belohnung« für Wohlverhalten).
Dazu kommt die gleiche persönliche Rechtsstellung wie beim Betriebs- oder Personalratsmitglied (Abs. 3): derselbe Kündigungs-, Versetzungs- und Abordnungsschutz. Eine Versetzung, die das Mandat kosten würde, braucht gegen den Willen der Vertrauensperson die Zustimmung des Betriebsrats (§ 103 Abs. 3 BetrVG entsprechend); im öffentlichen Dienst nur bei unvermeidbaren dienstlichen Gründen mit Personalratszustimmung (§ 55 BPersVG).
Soweit das Amt es erfordert, ist die Vertrauensperson bei vollem Entgelt von der Arbeit zu befreien (Abs. 4) – ab 100 schwerbehinderten Beschäftigten auf Wunsch vollständig. Betrieblich bedingte Amtszeit außerhalb der Arbeitszeit wird bezahlt ausgeglichen (Abs. 6). Dazu treten der Schulungsanspruch (Abs. 4 Satz 3) und die Kostentragung des Arbeitgebers (Abs. 8).

Stellvertretende Mitglieder haben während Vertretung und Heranziehung dieselbe Rechtsstellung, im Übrigen die von Ersatzmitgliedern (Abs. 3).

88. Ab wann wird die SBV freigestellt?

Die Freistellung kennt zwei Stufen.
Stufe eins gilt immer: Befreiung von der beruflichen Tätigkeit ohne Entgeltminderung, wenn und soweit es für das Amt erforderlich ist (§ 179 Abs. 4 Satz 1 SGB IX). Maßstab ist die konkrete Aufgabenlast; eine starre Stundengrenze gibt es nicht. Die Erforderlichkeit beurteilt die Vertrauensperson selbst und meldet sich beim Arbeitgeber nur ab. Eine Genehmigung braucht sie nicht. So sind auch erhebliche Teilfreistellungen unterhalb jeder Schwelle möglich.
Stufe zwei ist die volle Freistellung: Sind in der Regel wenigstens 100 schwerbehinderte und gleichgestellte Menschen beschäftigt, wird die Vertrauensperson auf ihren Wunsch freigestellt (Satz 2) – ein Wahlrecht, kein Zwang. Weitergehende Vereinbarungen sind zulässig, etwa Freistellung unterhalb der Schwelle per Betriebs- oder Inklusionsvereinbarung. Die Schwelle wurde 2021 von 200 auf 100 gesenkt.
Freigestellte genießen Karriereschutz (Abs. 5): kein Ausschluss von Berufsförderung; unterbliebene berufliche Entwicklung ist binnen eines Jahres nach dem Amt nachholbar, nach drei vollen Amtszeiten binnen zwei Jahren.
Herangezogene stellvertretende Mitglieder sind nach Erforderlichkeit ebenfalls zu befreien.

89. Welchen Schulungs- und Fortbildungsanspruch haben SBV und Stellvertreter?

Die Vertrauensperson hat Anspruch auf bezahlte Arbeitsbefreiung für Schulungen, die für die SBV-Arbeit erforderliche Kenntnisse vermitteln (§ 179 Abs. 4 Satz 3 SGB IX). Der Maßstab entspricht dem des Betriebsrats: Grundlagenschulungen – SGB IX, Kündigungsschutz, BEM, Datenschutz – sind für Erstgewählte stets erforderlich. Spezialthemen brauchen konkreten betrieblichen Bezug.

Das stimmenstärkste stellvertretende Mitglied hat einen eigenen Schulungsanspruch kraft Gesetzes, unabhängig von Betriebsgröße und Heranziehung. Nur so ist es im Vertretungsfall sofort handlungsfähig. Weitere stellvertretende Mitglieder sind anspruchsberechtigt, soweit sie nach der 100er-Staffel herangezogen werden können.
Eine Genehmigung des Arbeitgebers ist nicht nötig. Die rechtzeitige Mitteilung genügt. Bei der Terminwahl ist auf betriebliche Belange Rücksicht zu nehmen. Thema und Anbieter wählt die SBV nach pflichtgemäßem Ermessen, auch gewerkschaftliche Träger. Seminar-, Fahrt- und Übernachtungskosten trägt der Arbeitgeber als Kosten der SBV-Arbeit. Verweigert der Arbeitgeber, hilft das Beschlussverfahren – bei nahem Seminartermin die einstweilige Verfügung.

> **Praxistipp:**
> Schulungen früh in der Amtszeit planen, gerade nach der Wahl im Herbst 2026.

90. Welche Sachmittel, Räume und Bürokraft muss der Arbeitgeber der SBV stellen?

Alle durch die Tätigkeit der SBV entstehenden Kosten trägt der Arbeitgeber (§ 179 Abs. 8 Satz 1 SGB IX; für öffentliche Arbeitgeber gelten die Kostenregeln der Personalvertretungen). Ein eigenes Budget hat die SBV nicht und braucht sie nicht. Maßstab ist die Erforderlichkeit im Einzelfall (§ 40 BetrVG als Parallele). Dazu zählen Reisekosten der Amtsgeschäfte, Fachliteratur samt aktuellem SGB-IX-Kommentar und erforderliche Rechtsverfolgungskosten.
Die Kostentragung umfasst eine Bürokraft in erforderlichem Umfang (Satz 3) – je nach Aufgabenlast, bei Vollfreistellung regelmäßig naheliegend – und sie umfasst die Schulungskosten der stellvertretenden Mitglieder (Satz 2).
Kraft Gesetzes hat die SBV nur ein Mitbenutzungsrecht an Räumen und Geschäftsbedarf des Betriebs- oder Personalrats (Abs. 9) einschließlich des Sprechstundenrechts. Standard sollten gleichwohl eigene Räume sein, und der Anspruch darauf folgt aus Abs. 8: Sprechstunde und Unterlagen verlangen die Vertraulichkeit sensibler Gesundheitsdaten, die ein geteilter Raum kaum gewährleistet und ein eigener vermeidet Konfliktstoff mit

dem Gremium, von Terminkollisionen bis zum Aktenzugriff. Die Mitbenutzung bleibt Auffanglösung. Zeitgemäß dazu: abschließbarer Raum, Telefon, PC mit E-Mail- und Intranetzugang, Videokonferenztechnik, barrierefreie Arbeitsmittel.
Bei Verweigerung hilft das Beschlussverfahren. Sinnvoll ist es, die Ausstattung in der Inklusionsvereinbarung festzuschreiben. Auch die Kosten der jährlichen Versammlung schwerbehinderter Menschen (§ 178 Abs. 6 SGB IX) trägt der Arbeitgeber.

91. Genießt die Vertrauensperson Kündigungsschutz wie ein Betriebsratsmitglied?

§ 179 Abs. 3 SGB IX verleiht der Vertrauensperson denselben Kündigungsschutz wie einem Betriebs- oder Personalratsmitglied. Die ordentliche Kündigung ist damit während der Amtszeit ausgeschlossen (§ 15 KSchG entsprechend). Die außerordentliche ist nur mit vorheriger Zustimmung des Betriebsrats möglich (§ 103 BetrVG) – und zwar wirklich des Betriebsrats: Die Organ-Eigenständigkeit der SBV wird zwar von Teilen der Rechtsprechung dafür ins Feld geführt, ihr stellvertretendes Mitglied entscheiden zu lassen, doch das BAG sieht das Betriebsratsgremium in der Verantwortung. Verweigert der Betriebsrat, ersetzt auf Antrag das Arbeitsgericht; besteht keiner, geht der Antrag direkt dorthin (§ 103 Abs. 2a BetrVG). Im öffentlichen Dienst gilt Entsprechendes für die Personalratszustimmung.
Der Schutz wirkt nach: Ab Amtsende bleibt die ordentliche Kündigung ein weiteres Jahr ausgeschlossen; die außerordentliche braucht dann keine Gremiumszustimmung mehr, wohl aber den wichtigen Grund gemäß § 626 BGB. Bei Betriebsstilllegung ist die Kündigung frühestens zu deren Zeitpunkt zulässig. Wird nur eine Abteilung stillgelegt, ist die Vertrauensperson in eine andere zu übernehmen.
Ist die Vertrauensperson selbst schwerbehindert, kommt der Sonderkündigungsschutz hinzu. Die Zustimmung des Integrationsamts ist zusätzlich zu § 103 BetrVG erforderlich. Außerdem ist die SBV anzuhören, wobei wegen Selbstbetroffenheit das stellvertretende Mitglied handelt.
Stellvertretende Mitglieder genießen den vollen Schutz während der Vertretung und Heranziehung, außerhalb den von Ersatzmitgliedern mit ein-

jähriger Nachwirkung je Vertretungsfall. Schon vor Amtsantritt greift der Wahlschutz für Einladende, Wahlvorstand und Bewerber.

92. Was sind Gesamt-, Konzern-, Bezirks- und Hauptschwerbehindertenvertretung?

Die Stufen bilden die Gremienebenen ab (§ 180 SGB IX): Besteht ein Gesamtbetriebs- oder Gesamtpersonalrat, wählen die örtlichen SBVen eine Gesamt-SBV (GSBV) – die Stufe ist dann Pflicht, während das Gremium selbst freiwillig ist. Ist ein Konzernbetriebsrat errichtet, wählen die GSBVen die Konzern-SBV, Ein-Betriebs-Unternehmen über ihre örtliche SBV. Im öffentlichen Dienst kommen bei mehrstufigen Verwaltungen Bezirks-SBV (Mittelbehörden) und Haupt-SBV (oberste Dienstbehörden) hinzu, entsprechend in der Justiz. Je Stufen-Vertrauensperson wird mindestens ein stellvertretendes Mitglied gewählt. Besteht nur eine SBV, nimmt sie die GSBV-Rolle automatisch wahr.
Zuständig ist die Stufe (Abs. 6) für überörtliche Angelegenheiten, die örtlich nicht regelbar sind – einschließlich der Verhandlung und des Abschlusses von Inklusionsvereinbarungen auf Unternehmens- oder Konzernebene – und sie springt ein, wo eine eigene SBV fehlt. Dort hat sie auch Teilnahme- und Rederecht auf der Betriebsversammlung (§ 178 Abs. 8 SGB IX). Entscheidet im öffentlichen Dienst die übergeordnete Dienststelle über Einzelfälle, ist die Stufen-SBV zuständig; die örtliche wird angehört. Eine Hierarchie besteht nicht, lediglich die Zuständigkeiten sind getrennt.
Die Rechte folgen den örtlichen: Beteiligung (§ 178 Abs. 2 SGB IX), Sitzungsteilnahme, Heranziehung, Schutz und Kosten gelten entsprechend; die Stufen-SBV versammelt die Vertrauenspersonen ihres Bereichs.
Gewählt wird von unten nach oben: örtlich im Herbst, GSBV und Bezirks-SBV vom 1. Dezember bis 31. Januar, Konzern- und Haupt-SBV vom 1. Februar bis 31. März – nach 2026 also Winter 2026/27 und Frühjahr 2027.

93. Darf die SBV beim Ausfüllen von Anträgen rechtlich helfen?

Ja, auf zwei Stufen – mit klaren Grenzen.

Stufe eins, der gesetzliche Auftrag: § 178 Abs. 1 Satz 3 SGB IX verpflichtet die SBV ausdrücklich zur Unterstützung bei Feststellungs- und Gleichstellungsanträgen (Beratung zum Verfahren, Ausfüllhilfe, Begründung, Ordnen der Befunde, Fristen im Blick behalten). Diese Hilfe ist kraft SGB IX erlaubt.

Stufe zwei, die Vertretung: Antragsberechtigt ist allein der Mensch mit Behinderung – das Recht ist höchstpersönlich; SBV, Betriebsrat oder Arbeitgeber können keine eigenen Anträge stellen. Mittels Vollmacht darf die Vertrauensperson aber als Vertreterin handeln; die Vollmacht lautet auf die Person, nicht auf das Amt. Verbotene Rechtsdienstleistung ist das nicht. § 13 SGB X lässt Bevollmächtigte im Verwaltungsverfahren ausdrücklich zu, und § 6 Abs. 1 RDG erlaubt unentgeltliche Rechtsdienstleistungen ohnehin. Unentgeltlich ist das Ehrenamt per Gesetz.

Die Befugnis hat Grenzen. Sachlich reicht sie so weit wie der gesetzliche Auftrag: Sie umfasst das Arbeits- und Berufsleben von der Bewerbung bis zum Ausscheiden (einschließlich der Verschlimmerungsanträge), während private Rechtsfragen außen vor bleiben. Und vor Gericht endet sie: Die Prozessvertretung ist Sache von Sozialverband, Gewerkschaft oder Anwaltschaft. Die SBV kann Betroffene dort aber als Beistand begleiten.

Für die Praxis heißt das: Die SBV wahrt Verschwiegenheit, dokumentiert sauber und lotst komplexe Fälle früh an den Integrationsfachdienst (IFD) oder die Einheitliche Ansprechstelle für Arbeitgeber (EAA) weiter. Helfen ist ihr Recht und ihr Auftrag, die Übernahme anwaltlicher Aufgaben ist es nicht.

94. Welche Bedeutung hat die SBV in Betrieben ohne Betriebsrat?

Die SBV-Rechte hängen nicht vom Betriebsrat ab: Unterrichtung, Anhörung, die Aussetzung von Arbeitgeber-Maßnahmen und die Unwirksamkeit nicht angehörter Kündigungen, Versammlung, Sprechstunden, Kosten und Schutz gelten unverändert. Ohne Betriebsrat ist die SBV die einzige

gewählte Interessenvertretung. Praktisch wird sie zur ersten Anlaufstelle weit über den Behinderungsbezug hinaus.
Erzwingbare Mitbestimmung hat die SBV nicht – kein § 87, keine §§ 99, 102 BetrVG, keine Einigungsstelle, keine Betriebsvereinbarungen. Auch die Sitzungs- und Beschluss-Aussetzungsrechte laufen ohne Gremium leer.
Der eigene Kündigungsschutz der Vertrauensperson bleibt dagegen erhalten: Ohne Betriebsrat entfällt die Zustimmung nach § 103 BetrVG nicht ersatzlos, sondern der Arbeitgeber muss sie nach § 103 Abs. 2a BetrVG durch das Arbeitsgericht ersetzen lassen (§ 179 Abs. 3 SGB IX); hinzu kommen der wichtige Grund gemäß § 626 BGB und bei eigener Schwerbehinderung oder Gleichstellung die Zustimmung des Integrationsamts.
Einen Ausgleich schafft die Inklusionsvereinbarung. Ihre Verhandlung kann die SBV auch allein verlangen und die Vereinbarung ohne Betriebsrat mit dem Arbeitgeber abschließen. Nach außen bleibt der Draht ohnehin offen – zum Integrationsamt, zur Agentur für Arbeit, zu IFD und EAA. Notfalls regt sie dort ein Bußgeldverfahren an. Die jährliche Versammlung schwerbehinderter Menschen ist dann das einzige Belegschaftsforum und will entsprechend genutzt sein.
Strategisch sollte die SBV zugleich auf eine Betriebsratsgründung hinwirken: Schon drei Wahlberechtigte – die Vertrauensperson kann dazugehören – oder eine im Betrieb vertretene Gewerkschaft laden zur Wahlversammlung ein (§ 17 BetrVG). Denn erst mit einem Betriebsrat entsteht das volle Schutz-Duo.

95. Welche Durchsetzungsmöglichkeiten hat die SBV, wenn der Arbeitgeber ihre Rechte missachtet?

Der Königsweg ist das arbeitsgerichtliche Beschlussverfahren: Streitigkeiten über Wahl und Rechte der SBV sind den Arbeitsgerichten ausschließlich zugewiesen (§ 2a Abs. 1 Nr. 3a ArbGG) – nach dem BAG auch im öffentlichen Dienst. Die SBV ist selbst beteiligtenfähig und setzt ihre Ansprüche aus eigenem Recht durch: Unterrichtung und Anhörung, Aussetzung, Freistellung, Schulung, Räume, Bürokraft und Sachmittel. Titel sind per Zwangsgeld vollstreckbar, die erforderlichen Anwaltskosten trägt der Arbeitgeber.

Wenn es eilt, hilft die einstweilige Verfügung, etwa wenn der Seminartermin naht, eine ohne Beteiligung getroffene Maßnahme vollzogen werden soll oder die Versammlung blockiert wird.
Daneben das Bußgeldverfahren: Verstöße gegen Beteiligungs-, Anzeige-, Verzeichnis- und Auskunftspflichten sind mit bis zu 10 000 Euro bußgeldbewehrt (§ 238 SGB IX); zuständig ist die Bundesagentur, die SBV kann das Verfahren anregen. Flankierend wirken die Instrumente des Betriebsrats, das Inklusionsteam und das Integrationsamt als Vermittler.
Wer Rechte einfordert, steht selbst in der Pflicht. Bei grober Pflichtverletzung der Vertrauensperson kann ein Viertel der Wahlberechtigten beim Widerspruchsausschuss des Integrationsamts die Amtsenthebung beantragen (§ 177 Abs. 7 SGB IX). Souveräne SBV-Arbeit heißt: dokumentieren, Fristen setzen, konsequent den Rechtsweg gehen.

J. Betriebsrat, Personalrat und die Zusammenarbeit mit der SBV

96. Welche allgemeine Förderpflicht haben Betriebs- und Personalrat zugunsten schwerbehinderter Menschen?

Die Förderpflicht ist doppelt verankert: § 176 Satz 1 SGB IX beauftragt Betriebs- und Personalräte (ebenso Richter-, Staatsanwalts- und Präsidialräte), die Eingliederung schwerbehinderter Menschen zu fördern. § 80 Abs. 1 Nr. 4 BetrVG wiederholt den Auftrag, für das Personalvertretungsrecht gilt Entsprechendes. Das ist eine eigene Amtsaufgabe neben der SBV. Sie besteht auch und gerade dort, wo (noch) keine SBV gewählt ist.

Fördern heißt initiativ werden, nicht nur reagieren: Eingliederung zur Daueraufgabe machen, Maßnahmen beim Arbeitgeber beantragen (von Barrierefreiheit über Qualifizierung bis zu Pflichtquotenzielen in der Personalplanung), die Inklusionsvereinbarung anstoßen, die Beschwerden Betroffener aufgreifen sowie auf die SBV-Wahl hinwirken (Satz 2).

Flankiert wird das durch die Überwachungsseite. Betriebs- und Personalrat achten insbesondere darauf, dass der Arbeitgeber seine Pflichten aus §§ 154, 155 und 164 bis 167 SGB IX erfüllt (Satz 2) und durch § 75 BetrVG: Schutz vor Benachteiligung wegen Behinderung als Grundsatzpflicht.

Die Förderpflicht ist eine Amtspflicht, daraus folgt jedoch kein einklagbarer Individualanspruch Einzelner, aber der Maßstab, an dem sich Gremienarbeit messen lassen muss. Ihre Werkzeuge liefern Mitbestimmungs- und Informationsrechte. Die Zusammenarbeit aller Akteure ordnet § 182 SGB IX.

97. Welche Mitbestimmungs- und Beteiligungsrechte des Betriebsrats sind besonders wichtig?

Der Schlüssel liegt darin, die Rechte nach ihrer Durchsetzungskraft zu ordnen.

Erzwingbare Mitbestimmung (§ 87 BetrVG): Sie steht ganz oben – mit Initiativrecht und notfalls der Einigungsstelle. Besonders wichtig sind:

- Betriebliche Ordnung (Nr. 1).
- Arbeitszeit und Dienstpläne (Nr. 2 und 3).
- Technische Einrichtungen (Nr. 6).
- Gesundheitsschutz (Nr. 7).
- Mobile Arbeit (Nr. 14).

Dazu tritt die korrigierende Mitbestimmung zur menschengerechten Arbeitsgestaltung (§§ 90, 91).

Personelle Einzelmaßnahmen: Hier läuft die laufende Kontrolle durch

- Zustimmung zu Einstellung, Eingruppierung und Versetzung (§ 99).
- Anhörung vor jeder Kündigung (§ 102).
- Zustimmung bei Amtsträgern (§ 103).

Strategisch ist jede Personalmaßnahme ein Kontrollpunkt.

Mitwirkung im Vorfeld:

- Unterrichtung und Beratung zur Personalplanung (§ 92).
- Vorschläge zur Beschäftigungssicherung – etwa leidensgerechte Arbeitsplätze; der Arbeitgeber muss sie beraten und Ablehnungen in Betrieben mit mehr als 100 Beschäftigten schriftlich begründen (§ 92a).
- Mitbestimmung bei betrieblicher Berufsbildung für Qualifizierung (§§ 96 bis 98).
- Bei Betriebsänderungen kommen die §§ 111 ff. BetrVG hinzu.

Der Gestaltungsrat daraus: Themen möglichst in die erzwingbare Mitbestimmung ziehen und per Betriebsvereinbarung sichern – neben der Inklusionsvereinbarung. Denn was der Betriebsrat erzwingen kann, muss die SBV nicht erbitten. Im öffentlichen Dienst gilt Entsprechendes.

98. Welche Informationsrechte hat der Betriebsrat zur Beschäftigung schwerbehinderter Menschen?

Generalnorm ist § 80 Abs. 2 BetrVG: Der Arbeitgeber muss den Betriebsrat rechtzeitig und umfassend unterrichten und auf Verlangen die erforderlichen Unterlagen vorlegen, soweit die Aufgaben es erfordern. Ein konkreter Anlass ist nicht nötig. Der Aufgabenbezug aus Förder- und Überwachungspflicht genügt. Ausdrücklich erfasst sind auch Beschäftigte ohne Arbeitsvertrag zum Arbeitgeber, etwa Leiharbeitnehmer. Auf dieser Norm ruht der Anspruch auf die Namensliste.
Daneben hat der Arbeitgeber unaufgefordert die Jahresanzeige und Verzeichnis als Kopie zu übermitteln, der aktuelle Stand ist jederzeit abrufbar.
Anlassbezogen verdichtet sich die Information: In jedem Zustimmungsverfahren nach § 99 BetrVG ist mitzuteilen, ob Bewerber oder Beschäftigte schwerbehindert oder gleichgestellt sind – soweit dem Arbeitgeber bekannt; erst recht in der Kündigungsanhörung, denn der Status ist Sozialauswahlkriterium. Hinzu treten die Planungsinformationen aus §§ 90 und 92 BetrVG und der Arbeitsschutz: Bei Besichtigungen und Unfalluntersuchungen ist der Betriebsrat hinzuzuziehen (§ 89 BetrVG) – wichtig für die Gefährdungsbeurteilung.

> **Praxistipp:**
> Bleibt der Arbeitgeber stumm, helfen Beschlussverfahren und Bußgeldanregung.

99. Darf der Arbeitgeber Informationsrechte mit Datenschutzargumenten verweigern?

Nein, als Pauschalargument trägt das nie. Der Datenschutz verbietet die Information der Gremien nicht, er regelt sie. Erfüllt der Arbeitgeber gesetzliche Unterrichtungs- und Vorlagepflichten (§ 80 Abs. 2 BetrVG, §§ 163, 178 Abs. 2 SGB IX), liefert genau diese Pflicht die Rechtsgrundlage: Art. 6 Abs. 1 Buchst. c DSGVO und für den Schwerbehindertenstatus als Gesundheitsdatum Art. 9 Abs. 2 Buchst. b DSGVO i. V. m. § 26 Abs. 3 BDSG. Einer Einwilligung der Betroffenen bedarf es nicht.

Betriebsrat und SBV sind außerdem keine »Dritten« im Sinne des Datenschutzrechts. Der Betriebsrat handelt bei der Datenverarbeitung als Teil des Verantwortlichen und ist selbst zur Einhaltung des Datenschutzes verpflichtet (§ 79a BetrVG) – Arbeitgeber und Gremium unterstützen sich dabei gegenseitig. Im öffentlichen Dienst gilt Entsprechendes. Die SBV ist über ihre Verschwiegenheitspflicht gebunden.

Die Gremien erhalten nur aufgabenbezogene Daten – den Status ja, Diagnosen nein. Zudem darf der Arbeitgeber ein Schutzkonzept einfordern (sichere Aufbewahrung, begrenzter Zugriff); offene Konzeptfragen rechtfertigen aber keine Verweigerung. Strenger ist allein das BEM mit seiner engen Zweckbindung.

So geht das Gremium vor:

- Die Anspruchsnorm benennen.
- Die Rechtsgrundlagenkette gleich mitliefern.
- Den Aufgabenbezug darlegen.
- Ein Schutzkonzept proaktiv anbieten.
- Eine Frist setzen – bei Weigerung folgt das Beschlussverfahren.

100. Wie ist der Betriebsrat vor einer Kündigung schwerbehinderter Beschäftigter zu beteiligen?

Vor jeder Kündigung – auch in Wartezeit und Kleinbetrieb – ist der Betriebsrat anzuhören. Ohne Anhörung ist die Kündigung unwirksam (§ 102 Abs. 1 BetrVG). Der Arbeitgeber muss die aus seiner Sicht tragenden Gründe vollständig schildern, samt Sozialdaten. Bei schwerbehinderten Beschäftigten gehört der Status dazu: Schwerbehinderung, Gleichstellung oder laufender Antrag sind mitzuteilen, soweit bekannt – ebenso der Stand beim Integrationsamt. Lücken machen die Anhörung fehlerhaft.

Die Fristen entsprechen der SBV-Anhörung: eine Woche bei der ordentlichen, drei Kalendertage bei der außerordentlichen Kündigung; vor Stellungnahme oder Fristablauf darf nicht gekündigt werden.

Der Betriebsrat kann Bedenken äußern oder der ordentlichen Kündigung widersprechen. Die Gründe des § 102 Abs. 3 BetrVG passen wie zugeschnitten: fehlerhafte Sozialauswahl (Nr. 1), Weiterbeschäftigung auf anderem Arbeitsplatz, nach Umschulung oder zu geänderten Bedingungen

(Nr. 3 bis 5) – die leidensgerechte Alternative. Form: schriftlich, begründet, binnen der Wochenfrist.
Doppelte Wirkung: Der Widerspruch ist der Kündigung beizufügen und trägt den Weiterbeschäftigungsanspruch. Erhebt die gekündigte Person Kündigungsschutzklage, ist sie auf Verlangen bis Rechtskraft unverändert weiterzubeschäftigen (Abs. 5). Die SBV-Anhörung läuft unabhängig daneben. Im öffentlichen Dienst gilt das Mitwirkungsverfahren.

101. Worin unterscheiden sich Betriebsrat und SBV in Zuständigkeit und Rolle?

Wen sie vertreten: Der Betriebsrat alle Arbeitnehmer des Betriebs (ohne Leitende) als Allgemeinvertretung. Die SBV als Spezialvertretung alle schwerbehinderten und gleichgestellten Menschen – sogar leitende Angestellte. Ihr Kreis ist enger, reicht an den Rändern aber weiter.
Wie sie verfasst sind: Der Betriebsrat ist Kollegialorgan mit Beschlüssen und Mehrheiten; die SBV ein Ein-Personen-Amt – die Vertrauensperson handelt allein und sofort, ohne Beschluss. Diese Schnelligkeit ist im Einzelfall ihre größte Stärke.
Was ihre Rechte taugen: Der Betriebsrat hat erzwingbare Mitbestimmung – Einigungsstelle, Betriebsvereinbarung, Zustimmungsverweigerung. Die SBV hat Beteiligung – Unterrichtung, Anhörung, Aussetzung – und den Verhandlungsanspruch auf die Inklusionsvereinbarung. Bindend ist ihre Stellungnahme nicht. Doch bei Kündigungen ist ihre Beteiligung Wirksamkeitsvoraussetzung, und ersetzen kann der Betriebsrat sie nie.
Wo ihr Schwerpunkt liegt: Der Betriebsrat gestaltet Strukturen – Arbeitszeit, Technik, Ordnung, Pläne; die SBV sichert den Einzelfall – von Personalakte über Antragshilfe bis BEM-Begleitung. Konkurrenz ist nicht angelegt: Die SBV sitzt in den Sitzungen des Betriebsrats, beide überwachen dieselben Arbeitgeberpflichten, im Inklusionsteam arbeiten sie zusammen. Stark sind sie im Duo.

102. Wie lassen sich Konflikte zwischen Betriebsrat und SBV vermeiden oder lösen?

Die Leitnorm gibt den Ton vor: § 182 SGB IX verpflichtet Arbeitgeber, SBV und Betriebs- oder Personalrat zu enger Zusammenarbeit. Dauerkonflikte sind nicht nur lästig, sondern mit diesem gesetzlichen Auftrag unvereinbar. Typische Reibungen: Übergehung der SBV bei Beschlüssen, Rollenkonkurrenz im Einzelfall, Informationsgefälle, getrennte Linien gegenüber dem Arbeitgeber.
Vorbeugen heißt strukturieren: Zuständigkeiten schriftlich klären – Strukturen beim Betriebsrat, Einzelfälle bei der SBV; die Ladung der SBV zu allen Sitzungen samt Tagesordnung sichern, einen festen Tagesordnungspunkt Inklusion etablieren; Unterlagen wechselseitig weiterleiten. In § 99- und § 102-BetrVG-Verfahren die SBV-Stellungnahme vor dem Beschluss einholen, dann braucht es keine Aussetzung. Gemeinsame Schulungen schaffen gemeinsames Rechtsverständnis.
Lösen heißt: Verfahren statt Verstimmung. Zuerst das direkte Gespräch, notfalls im Rahmen des Monatsgesprächs. Die Beschluss-Aussetzung nach § 178 Abs. 4 SGB IX ist kein Affront, sondern die gesetzlich vorgesehene zweite Beratungsrunde. Als Moderatoren taugen Integrationsamt und IFD; das Inklusionsteam ist das Dauerforum.
Die Grenzen: Verschwiegenheit der SBV ist kein Misstrauen, das fehlende Stimmrecht keine Geringschätzung. Rechtsmittel gegeneinander gibt es kaum. Wer den Streit eskaliert, macht den Arbeitgeber zum lachenden Dritten.

103. Was ist der Inklusionsbeauftragte des Arbeitgebers und welche Aufgaben hat er?

Der Inklusionsbeauftragte ist das Gesicht der Arbeitgeberseite. Jeder Arbeitgeber bestellt ihn als seinen verantwortlichen Vertreter in Angelegenheiten schwerbehinderter Menschen. Falls erforderlich (etwa bei mehreren Betrieben) werden mehrere bestellt (§ 181 SGB IX). Nach Möglichkeit soll er selbst schwerbehindert sein. Er steht klar auf der Arbeitgeberseite – Pendant, nicht Konkurrenz zur SBV.

Seine Kernaufgabe nennt das Gesetz ausdrücklich. Er achtet vor allem darauf, dass die dem Arbeitgeber obliegenden Verpflichtungen erfüllt werden – von der Beschäftigungspflicht über Stellenprüfung und Vorkehrungen bis Prävention und BEM. Praktisch ist er zentrale Anlaufstelle nach innen wie außen. Gegenüber dem Integrationsamt und der Agentur für Arbeit wird er benannt. Er wirkt zudem an Inklusionsvereinbarung und -team mit.

Die Rechtsstellung ist nüchtern: Der Inklusionsbeauftragte hat einen Auftrag inne, kein Schutzamt. Er bleibt weisungsgebunden und genießt keinen Sonderkündigungsschutz. Schlagkraft gewinnt er erst durch Kompetenz und Befugnisse: eine schriftliche Aufgaben- und Vollmachtsbeschreibung, Nähe zur Entscheidungsebene und eine im Betrieb bekannte Erreichbarkeit. Sich selbst bestellen kann der Arbeitgeber allerdings nicht.

Für die Gremien heißt das: die Bestellung aktiv einfordern. Sie ist zwar nicht bußgeldbewehrt, lässt sich aber anmahnen. Unterbleibt sie dennoch, kann das bei Bewerbungen schwerbehinderter Menschen als Indiz für eine Benachteiligung gewertet werden mit entsprechendem Entschädigungsrisiko. Denn ein starker Inklusionsbeauftragter ist der kürzeste Draht zu den Entscheidungen des Arbeitgebers; fehlt er, fehlt der Adressat.

104. Was ist das betriebliche Inklusionsteam und wie arbeitet es?

Das »betriebliche Inklusionsteam« ist kein gesetzliches Organ, es ist die organisierte Form der Zusammenarbeit, die § 182 Abs. 1 SGB IX verlangt: Arbeitgeber, SBV und Betriebs- bzw. Personalrat arbeiten für die Teilhabe schwerbehinderter Menschen eng zusammen. Das Team gibt der Pflicht Struktur, Termine und Gesichter.

Kern des Teams sind Inklusionsbeauftragter, Vertrauensperson – samt herangezogener stellvertretender Mitglieder – und ein Betriebsrats- oder Personalratsmitglied. Je nach Thema wird um Betriebsarzt, Fachkraft für Arbeitssicherheit und Personalabteilung, als Gäste IFD oder EAA, erweitert. Verbindlich wird es durch Verankerung in der Inklusionsvereinbarung – Aufgaben, Turnus, Berichtswege.

Das Team trifft sich regelmäßig, etwa einmal im Quartal, und arbeitet ein festes Programm ab: Es behält Pflichtquote und Kennzahlen im Blick, ver-

schafft sich einen BEM-Überblick ohne Einzelfalldaten, plant Maßnahmen von der Barrierefreiheit bis zur Prävention und bereitet Anträge an Integrationsamt und Rehabilitationsträger vor. Einzelfälle kommen nur mit Einwilligung der Betroffenen auf den Tisch. Verschwiegenheit und Datenschutz gelten auch ins Team hinein.
Das Team ersetzt keine förmlichen Rechte. Unterrichtung und Anhörung der SBV und die § 99-/§ 102-BetrVG-Verfahren laufen unverändert daneben. Richtig genutzt, wird hier aus Beteiligung Gestaltung der beste Konfliktvorbeuger.

105. Welche Rolle hat die SBV bei Betriebsänderungen, Interessenausgleich und Sozialplan?

Interessenausgleich und Sozialplan verhandelt der Betriebsrat (§§ 111ff. BetrVG). Die SBV ist nicht Verhandlungspartei. Abschließen und unterschreiben kann somit nur er. Mit am Tisch sitzen kann die SBV gleichwohl: beratend über ihr Teilnahmerecht an den Sitzungen und Ausschüssen des Betriebsrats und an dessen Besprechungen mit dem Arbeitgeber (§ 178 Abs. 4 und 5 SGB IX).
Ihre stärkste Schiene läuft ohnehin früher: Eine Betriebsänderung berührt die Gruppe der Menschen mit Behinderungen immer. Also ist die SBV nach § 178 Abs. 2 SGB IX schon in der Planungsphase umfassend zu unterrichten und vor Entscheidungen anzuhören. Wer sie erst beim fertigen Konzept informiert, riskiert die Aussetzung.
Vor jedem Abbau lässt sie prüfen, ob eine leidensgerechte Umsetzung oder Qualifizierung die Kündigung vermeidet. Bei einem Interessenausgleich mit Namensliste drängt sie darauf, vor der Unterzeichnung zu klären, wer von den Betroffenen schwerbehindert, gleichgestellt oder im Anerkennungsverfahren ist: Der Status ist Pflichtkriterium der Sozialauswahl, und einmal beschlossen, ist die Liste nur noch auf grobe Fehler überprüfbar. Zugleich fordert sie Zeit für die Zustimmungen des Integrationsamts ein.
Für den Sozialplan gilt: Zuschläge für schwerbehinderte Beschäftigte sind zulässig und üblich. Kürzungen, die an die vorgezogene Altersrente für schwerbehinderte Menschen anknüpfen, hat der EuGH dagegen als Diskriminierung verworfen. Sinnvoll sind zudem ein Härtefonds, die Über-

nahme von Hilfsmitteln sowie Vermittlungsunterstützung beim Stellenwechsel unter Einbindung von IFD und EAA.

106. Welche Rolle spielt die Schwerbehinderung bei der Sozialauswahl?

Bei betriebsbedingten Kündigungen ist die Schwerbehinderung eines der vier gesetzlichen Auswahlkriterien neben Betriebszugehörigkeit, Lebensalter und Unterhaltspflichten (§ 1 Abs. 3 KSchG). Nach überwiegender Auffassung zählt auch die Gleichstellung dazu, ein höherer GdB darf stärker gewichtet werden.
Kein Kriterium hat absoluten Vorrang. Verlangt ist die ausreichende Berücksichtigung. Punkteschemata sind zulässig, wenn die Schwerbehinderung angemessen einfließt. Als Auswahlrichtlinien sind sie mitbestimmungspflichtig, bei mehr als 500 Beschäftigten sogar erzwingbar (§ 95 BetrVG).
Solange die Zustimmung des Integrationsamts nicht vorliegt, muss der Arbeitgeber schwerbehinderte Beschäftigte nicht in die Sozialauswahl einbeziehen. Kündigen könnte er ihnen ohnehin nicht, und einen Zustimmungsantrag auf Vorrat schuldet er nicht. Bezieht er sie ein, tritt das Verfahren beim Integrationsamt als weitere Hürde neben die Sozialauswahl.
Auf Verlangen muss der Arbeitgeber der gekündigten Person die Auswahlgründe offenlegen (§ 1 Abs. 3 Satz 1 KSchG). Der Betriebsrat prüft sie in der Anhörung und kann wegen fehlerhafter Sozialauswahl der Kündigung sogar widersprechen (§ 102 Abs. 3 Nr. 1 BetrVG). Die SBV ist stets anzuhören.

107. Welche Besonderheiten gelten für den Personalrat im öffentlichen Dienst?

Das SGB IX unterscheidet nicht zwischen Betrieb und Dienststelle. Förder- und Überwachungspflicht, die SBV-Rechte samt Sitzungsteilnahme und Aussetzung sowie das Zusammenarbeitsgebot des § 182 SGB IX gelten für den Personalrat wortgleich. Den Stufenvertretungen entsprechen Bezirks- und Haupt-SBV. Erfasst sind auch Beamte: Für sie gilt zwar Dienst-

recht statt des Kündigungsschutzes der §§ 168 ff. SGB IX, Vorkehrungen, Prävention und BEM stehen ihnen aber ebenso zu. Vor einer Zurruhesetzung ist die SBV zu beteiligen.
Anders aufgebaut sind die Beteiligungsrechte: Statt einheitlicher Mitbestimmung gilt die Abstufung von Mitbestimmung, Mitwirkung und Anhörung mit gesetzlichen Katalogen (für den Bund §§ 78 ff. BPersVG; die Länder regeln eigenständig). Personelle Einzelmaßnahmen wie Einstellung und Versetzung sind mitbestimmungspflichtig. Der Kontrollpunkt des § 99 BetrVG hat hier also sein Gegenstück.
Bei Kündigungen gilt: Die ordentliche unterliegt der Mitwirkung des Personalrats (mit Einwendungsgründen und Weiterbeschäftigungsanspruch nach dem Muster des § 102 BetrVG), bei der außerordentlichen bleibt es bei der Anhörung. Die Beteiligung der SBV und die Zustimmung des Integrationsamts laufen unverändert daneben.
Der Kernunterschied zeigt sich im Konflikt: Die Einigungsstelle entscheidet nicht durchweg verbindlich – es gilt das Stufenverfahren bis zur obersten Dienstbehörde, und in wesentlichen Fragen spricht sie nur eine Empfehlung aus. Das Letztentscheidungsrecht bleibt beim Dienstherrn. Praktisch heißt das: früher verhandeln, die Teilhaberichtlinien als Hebel nutzen und die SBV-Schiene konsequent parallel fahren.

K. Inklusionsvereinbarung

108. Was ist eine Inklusionsvereinbarung und wozu dient sie?

Die Inklusionsvereinbarung schließen Arbeitgeber, SBV und Betriebs- oder Personalrat in Zusammenarbeit mit dem Inklusionsbeauftragten. Das Gesetz nennt sie ausdrücklich »verbindlich« (§ 166 Abs. 1 SGB IX). Sie ist das betriebliche Grundgesetz der Inklusion – mit einer Alleinstellung: Sie ist das einzige gesetzlich vorgesehene Vertragswerk, in dem die SBV selbst Partei ist und nicht bloß Beteiligte.

Ihr erster Zweck ist Verbindlichkeit statt Einzelkampf: Dauerthemen wie Stellenbesetzung, Vorkehrungen oder BEM werden aus dem Einzelfall in feste Regeln mit Verfahren, Fristen und Zuständigkeiten überführt; Beteiligung wird damit planbar.

Ihr zweiter Zweck sind Ziele und Rechenschaft: Quoten, Maßnahmen- und Zeitpläne sowie Berichtswege machen den Förderauftrag messbar. Auf der jährlichen Versammlung berichtet der Arbeitgeber zudem über alle Angelegenheiten der Eingliederung (§ 166 Abs. 4 SGB IX); die Rechenschaft ist gesetzlich verankert.

Ihr dritter Zweck ist vorausschauende Gestaltung: Die gleichberechtigte Teilhabe ist bei der Gestaltung von Arbeitsprozessen und Rahmenbedingungen »von Anfang an« zu berücksichtigen (§ 166 Abs. 2 SGB IX) – Inklusion wird mitgeplant, nicht nachgerüstet.

Die Inklusionsvereinbarung ersetzt weder Gesetz noch Mitbestimmung. Gesetzliche Standards kann sie nur sichern und übertreffen. Neben den Betriebsvereinbarungen steht sie als spezifisches Dach.

109. Wer kann den Abschluss einer Inklusionsvereinbarung verlangen und ist der Arbeitgeber dazu verpflichtet?

Das Initiativrecht liegt bei der SBV. Auf ihren Antrag muss über eine Inklusionsvereinbarung verhandelt werden. Der Arbeitgeber kann nicht ablehnen, nur mitverhandeln. Beteiligt werden der Betriebs- oder Personalrat; auf Arbeitgeberseite wirkt der Inklusionsbeauftragte mit. Ohne eine SBV geht das Antragsrecht auf den Betriebs- oder Personalrat über; auf Unternehmens- oder Konzernebene verhandelt die Gesamt- bzw. Konzern-SBV.
Verhandelt wird gemeinsam an einem Tisch. Jede Seite – Arbeitgeber wie SBV – kann das Integrationsamt einladen, sich zu beteiligen. Es soll insbesondere darauf hinwirken, dass unterschiedliche Auffassungen überwunden werden. Die geschlossene Vereinbarung wird der Agentur für Arbeit und dem Integrationsamt am Arbeitgebersitz übermittelt.
Die gesetzliche Regelung gibt der SBV einen Verhandlungs-, aber keinen Abschlussanspruch; die Unterschrift lässt sich damit nicht erzwingen. Der Verhandlungsanspruch selbst ist aber im Beschlussverfahren durchsetzbar.
Der Antrag wirkt am stärksten nach klaren Anlässen, etwa schwache Pflichtquote, gescheiterte Einzelfälle, anstehende Umstrukturierung oder zum Start der neuen Amtszeit nach der Wahl 2026.

110. Welche Inhalte und Zielvereinbarungen gehören in eine Inklusionsvereinbarung?

Den Rahmen setzt § 166 Abs. 2 SGB IX: Die Vereinbarung enthält Regelungen zur Eingliederung, insbesondere zur Personalplanung, zur Gestaltung von Arbeitsplatz und Arbeitsumfeld, zur Arbeitsorganisation und zur Arbeitszeit, dazu Regeln über ihre Durchführung. Bei der Personalplanung sind besondere Regelungen für einen angemessenen Anteil schwerbehinderter Frauen vorzusehen. Abs. 3 konkretisiert den Katalog: die Besetzung freier Stellen, eine anzustrebende Quote samt Frauenanteil, Teilzeit, die Ausbildung behinderter Jugendlicher, Prävention und BEM einschließlich Gesundheitsförderung sowie die Hinzuziehung des Betriebsarztes zu Teilhabe-Beratungen.

Aus Regelungsfeldern werden **Ziele** erst, wenn sie messbar und terminiert sind und einen Zuständigen haben. Statt »Wir fördern Einstellungen« heißt es dann: Quote X bis Jahresende, jede freie Stelle wird geprüft, jede Bewerbung führt zum Gespräch, quartalsweise Bericht an das Inklusionsteam. Und statt »barrierefreie Arbeitsplätze« stehen Budget, Prüfturnus und ein Standardverfahren für Vorkehrungen mit festen Fristen in der Vereinbarung.
Bewährt haben sich ergänzende Bausteine: Verfahrensregeln für die SBV-Beteiligung mit Fristen, Arbeitszeit- und Schichtregelungen einschließlich der Verfahren für Befreiung und Tausch, Zusagen zur Qualifizierung, die Ausstattung der SBV, ein Inklusionsteam mit festem Turnus sowie eine Konfliktklausel, die bei Streit die Anrufung des Integrationsamts vorsieht. Prävention und BEM verdienen ein eigenes Kapitel.
Zum Handwerk gehören schließlich Laufzeit, Kündigungs- und Nachwirkungsklausel, die jährliche Überprüfung in der Versammlung der schwerbehinderten Menschen und eine Auswertung anhand der Kennzahlen.
Für alles gilt: lieber fünf harte Ziele als zwanzig Absichten.

111. Wie verbindlich ist eine Inklusionsvereinbarung und wie wird sie durchgesetzt?

Verbindlich ja, aber differenziert. Zwischen den Parteien bindet die Vereinbarung schuldrechtlich. Ihre Durchführung können SBV und Betriebs- oder Personalrat im arbeitsgerichtlichen Beschlussverfahren erzwingen, in Dienststellen vor dem Verwaltungsgericht. Lücken bleiben gleichwohl, denn § 166 SGB IX sieht weder eine Geldbuße noch eine eigene Einigungsstelle vor. Unmittelbare Ansprüche einzelner Beschäftigter begründet sie nach überwiegender Auffassung nicht aus sich heraus.
Der Schlüssel zur Verbindlichkeit ist deshalb die Doppelstruktur: Was der Mitbestimmung unterliegt (Arbeitszeit, Gesundheitsschutz, technische Einrichtungen, etc.) wird als erzwingbare Betriebsvereinbarung gefasst. Bei Nichteinigung ersetzt dort der Spruch der Einigungsstelle die Einigung (§ 87 Abs. 2 BetrVG). Mitbestimmungsfreie Inhalte finden ihren Platz in freiwilligen Betriebsvereinbarungen, im öffentlichen Dienst in Dienstvereinbarungen. So erhalten die Kernteile normative Wirkung; sie gelten unmittelbar und zwingend für alle Beschäftigten (§ 77 Abs. 4 BetrVG).

Vieles ist ohnehin gesetzlich einklagbar – angemessene Vorkehrungen etwa oder die Beteiligungsrecht. Die Vereinbarung macht solche Ansprüche konkreter und beweisbar. Hinzu kommen Erfolgskontrolle und Öffentlichkeit über den Bericht in der Versammlung der schwerbehinderten Menschen (§ 178 Abs. 6 SGB IX), und bei Streit vermittelt das Integrationsamt.

> **Praxistipp:**
> Die Vereinbarung bindet die Akteure. Normen für alle schafft erst ihr Kern aus Betriebs- bzw. Dienstvereinbarungen.

112. Was kann das Integrationsamt bei Streit über die Inklusionsvereinbarung tun?

Das Integrationsamt ist Vermittler, nicht Schiedsrichter. Nach § 166 Abs. 1 SGB IX kann jede Seite – der Arbeitgeber ebenso wie die SBV – es einladen, sich an den Verhandlungen zu beteiligen. Dabei soll es insbesondere darauf hinwirken, dass unterschiedliche Auffassungen überwunden werden. Die Einladung setzt keinen Konsens voraus. Die SBV kann das Amt also auch dann an den Tisch holen, wenn der Arbeitgeber zögert. Entscheiden kann es nichts; keine Anordnung, kein Spruch.

Sein Werkzeugkasten ist gleichwohl gut gefüllt. Es moderiert mit Formulierungs- und Kompromissvorschlägen, steuert Praxiswissen bei – Mustervereinbarungen ebenso wie Erfahrungswerte aus vergleichbaren Betrieben – und schickt für Gestaltungsfragen seinen Technischen Beratungsdienst. Vor allem aber hat es Geld. Wo der Streit an den Kosten hängt, entschärfen in Aussicht gestellte Leistungen der begleitenden Hilfe vieles.

Hinzu kommt die leise Autorität. Dieselbe Behörde entscheidet später über Kündigungszustimmungen und Förderanträge. Eine dokumentierte Totalverweigerung hinterlässt dort Eindruck. Eine rechtliche Verknüpfung gibt es nicht, ein Gedächtnis schon.

> **Praxistipp:**
> Das Amt früh einladen – als Brückenbauer, nicht erst als letztes Mittel. Auch Streit über Auslegung und Durchführung einer bestehenden Vereinbarung kann es erneut moderieren. Rechtlich entscheiden bleibt Sache der Gerichte. Die fertige Vereinbarung erhält es ohnehin.

113. Wie verankert man Prävention, BEM und digitale Barrierefreiheit in der Inklusionsvereinbarung?

§ 167 SGB IX verpflichtet ohnehin: zur Prävention »möglichst frühzeitig«, zum BEM nach mehr als sechs Wochen Arbeitsunfähigkeit. Die Inklusionsvereinbarung übersetzt diese Pflichten in Auslöser, Schritte und Verantwortliche. Genau dafür nennt § 166 Abs. 3 Nr. 5 SGB IX sie ausdrücklich. Verbindlich wird der Kern als Betriebsvereinbarung.

Prävention verankern heißt: Die Vereinbarung benennt Frühwarnsignale (eine Abmahnungslage, Leistungs- oder Konfliktauffälligkeiten), macht die Einschaltung von SBV, Betriebsrat und Integrationsamt zum Pflichtschritt vor jeder arbeitsrechtlichen Maßnahme, bündelt die Verantwortung beim Inklusionsbeauftragten und sieht eine Dokumentation vor.

BEM verankern heißt: Eine Fehlzeitenerfassung wacht über die Sechs-Wochen-Schwelle, die Einladung folgt einem Standard mit Zielen, Freiwilligkeits- und Datenhinweisen, und die Rollen sind klar verteilt – die SBV nimmt nur mit Zustimmung der Betroffenen teil. Jeder Schritt trägt eine Frist, und die Maßnahmen sind angebunden, von der stufenweisen Wiedereingliederung bis zu den Förderleistungen. Für die Daten gelten eine getrennte BEM-Akte, Zweckbindung und Löschfristen. An das Inklusionsteam geht eine anonymisierte Jahresauswertung der Angebotsquote.

Digitale Barrierefreiheit verankern heißt: Die vier WCAG-Grundsätze – wahrnehmbar, bedienbar, verständlich, robust – gelten in Stufe AA als Standard für alle Systeme, Barrierefreiheit wird Muss-Kriterium jeder IT-Beschaffung (§ 87 Abs. 1 Nr. 6 BetrVG als Hebel), und die Vereinbarung legt Prüfturnus, Budget und die Zuständigkeit im Inklusionsteam fest.

Die Faustregel: Das Gesetz liefert die Pflicht, die Vereinbarung den Prozess.

114. Wie nutzt man die Inklusionsvereinbarung strategisch?

Strategisch bedeutet, die Vereinbarung als Programm für die vierjährige Amtszeit zu denken. Am Anfang steht eine **Bestandsaufnahme** der Kennzahlen, darauf bauen drei bis fünf messbare **Leitziele** mit Meilensteinen auf und ein jährlich fortgeschriebener **Maßnahmenplan** bildet die Anlage. Der Vertrag bleibt stabil, die Anlage beweglich.

In der Verhandlung hilft das Denken in Paketen. Harte, einigungsstellenfähige Kerne aus Betriebs- bzw. Dienstvereinbarungen werden mit Zielklauseln verbunden, der Nutzen für den Arbeitgeber wird aktiv mitverhandelt (Fördermittel nutzen statt Ausgleichsabgabe zahlen, Fachkräfte sichern, etc.), und das Integrationsamt kommt früh als Moderator an den Tisch. Besser Pilot- und Revisionsklauseln regeln als Maximalforderungen aufstellen, an denen alles scheitert.

Im Betrieb bzw. in der Dienststelle wird die Vereinbarung zum Steuerungsinstrument. Das Inklusionsteam arbeitet als »Maschinenraum« und berichtet quartalsweise, die jährliche Rechenschaft des Arbeitgebers auf der Versammlung der schwerbehinderten Menschen gibt den öffentlichen Takt, und für Abweichungen ist die Eskalation definiert – erst greifen Konfliktklausel und die Moderation durch das Integrationsamt, dann das Beschlussverfahren.

In Einzelkonflikten gibt sie Argumente an die Hand: Ihre Standards konkretisieren, was der Arbeitgeber schuldet, und Verstöße liefern Indizien (§ 22 AGG). Gegenüber dem Integrationsamt weist sie das betriebliche Konzept nach. Das stärkt Förderanträge und zählt, wenn das Amt nach Ermessen entscheidet.

L. Prävention, BEM und Beschäftigungssicherung

115. Was bedeutet die Präventionspflicht des Arbeitgebers nach § 167 Abs. 1 SGB IX?

Treten personen-, verhaltens- oder betriebsbedingte Schwierigkeiten auf, die das Arbeitsverhältnis gefährden können, schaltet der Arbeitgeber »möglichst frühzeitig« SBV, Betriebs- oder Personalrat und Integrationsamt ein, um alle Möglichkeiten, Hilfen und Leistungen zu erörtern, mit denen die Schwierigkeiten beseitigt werden und das Verhältnis möglichst dauerhaft fortbesteht (§ 167 Abs. 1 SGB IX). Erfasst sind nur schwerbehinderte und gleichgestellte Beschäftigte. Einer Zustimmung der Betroffenen bedarf das Verfahren nicht.

Die gesetzliche Norm wirkt als **Frühwarnsystem**: »Gefährdung« verlangt keine Kündigungsreife. Es genügt, dass sich Schwierigkeiten zu einer Bestandsgefahr auswachsen können, etwa Abmahnungslagen, Leistungseinbrüche, Konflikte oder wegfallende Arbeitsplätze. Die drei Kategorien spiegeln die Kündigungsgründe; die Prävention ist ihr vorgeschaltetes Gegenprogramm.

Geschuldet ist eine **ernsthafte Erörterung**, kein bestimmtes Ergebnis. Der Arbeitgeber sucht mit den Beteiligten nach Lösungen wie einer Umsetzung, angemessenen Vorkehrungen oder Förderleistungen und leitet geeignete Maßnahmen ein.

Unterlassene Prävention macht eine Kündigung nicht automatisch unwirksam, verschärft aber die Verhältnismäßigkeitsprüfung. Der Arbeitgeber muss dann darlegen, dass auch Prävention die Kündigung nicht abgewendet hätte – eine hohe Hürde wie beim BEM. In der Wartezeit besteht die Pflicht nach dem BAG nicht. Das ist umstritten. Für SBV und Betriebsrat ist die Vorschrift ein wichtiger Hebel im Vorfeld einer Kündigung.

116. Wann ist das Präventionsverfahren einzuleiten und wer ist zu beteiligen?

Beim Präventionsverfahren nach § 167 Abs. 1 SGB IX kommt es auf zweierlei an: den richtigen Zeitpunkt und den vollständigen Beteiligtenkreis. Einzuleiten ist es **unverzüglich**, sobald der Arbeitgeber von einem kündigungsrelevanten Sachverhalt Kenntnis erhält. Auf Kündigungsreife darf er nicht warten. Der Sache nach gehört die Erörterung vor den Zustimmungsantrag beim Integrationsamt: erst Prävention, dann Kündigungsverfahren.

Zu beteiligen sind **kumulativ** SBV, Betriebs- oder Personalrat und Integrationsamt; eine Auswahl nach Belieben gibt es nicht. Die Gremien sind zur Teilnahme verpflichtet, das Amt steuert Beratung und Wissen über Förderleistungen bei. Für die SBV gilt das Erörterungsrecht in der Kommentarliteratur als ihre stärkste Beteiligungsform. Eine ohne Präventionsverfahren getroffene Maßnahme ist danach rechtswidrig.

Es hat ein **echtes gemeinsames Prüfverfahren** stattzufinden. Geklärt werden Anlass und Ausmaß der Gefährdung, ihr Zusammenhang mit einer drohenden Kündigung und vor allem die Lösungswege: Umsetzung, angemessene Vorkehrungen, Qualifizierung, Förderleistungen. Vorab hat der Arbeitgeber umfassend zu informieren und Gelegenheit zur Stellungnahme zu geben; schriftliches Abhaken genügt nicht.

> **Praxistipp:**
> Auch SBV und Betriebsrat können das Verfahren anstoßen. Ergebnisse und Fristen sollten dokumentiert und mit der Inklusionsvereinbarung verknüpft werden. Der Merksatz lautet: erst reden – mit allen dreien –, dann entscheiden.

117. Gilt die Präventionspflicht schon in der Wartezeit?

Das BAG antwortet klar: Nein. Nach dem Zweiten Senat muss der Arbeitgeber in der Wartezeit, also in den ersten sechs Monaten des Arbeitsverhältnisses (§ 1 Abs. 1 KSchG), kein Präventionsverfahren durchführen. Das ergebe sich »unmissverständlich« daraus, dass dort das Kündigungsschutzgesetz nicht gilt (BAG 3. 4. 2025 – 2 AZR 178/24, in Fortführung der Linie von 2016).

Die Kommentarliteratur hält dagegen: Der Anspruch auf behinderungsgerechte Beschäftigung (§ 164 Abs. 4 SGB IX) besteht unabhängig vom KSchG, und der Normzweck zielt auf Sicherung, möglichst bevor ein Kündigungsgrund überhaupt entsteht. Überwiegend wird das Verfahren zudem als »positive Maßnahme« im Sinne des § 5 AGG eingeordnet; teils wird eine Vorlage an den EuGH zu Art. 5 der Gleichbehandlungsrahmenrichtlinie gefordert. Das letzte Wort ist womöglich nicht gesprochen.

Die Wartezeit ist kein schutzfreier Raum. Die SBV ist vor jeder Kündigung anzuhören; andernfalls ist die Kündigung unwirksam. Vorkehrungspflicht und Benachteiligungsverbot gelten ab dem ersten Tag: Eine Wartezeitkündigung wegen behinderungsbedingter Defizite bleibt ohne geprüfte Vorkehrungen nach dem AGG angreifbar. Nur die Zustimmung des Integrationsamts entfällt.

> **Praxistipp:**
> Prävention in der Wartezeit ist erlaubt und klug. SBV und Betriebsrat sollten sie anregen und über eine Inklusionsvereinbarung auf die ersten sechs Monate erstrecken. Was das Gesetz nicht erzwingt, kann der Betrieb vereinbaren.

118. Worin unterscheiden sich Prävention (§ 167 Abs. 1 SGB IX) und BEM (§ 167 Abs. 2 SGB IX)?

Beide Verfahren teilen sich eine Vorschrift und unterscheiden sich doch in drei Punkten grundlegend.

Der erste Unterschied betrifft den **Personenkreis**: Die Prävention nach Abs. 1 schützt nur schwerbehinderte und gleichgestellte Beschäftigte, das BEM nach Abs. 2 gilt für alle Beschäftigten – behindert oder nicht.

Der zweite Unterschied ist der **Auslöser**: Die Prävention greift bei personen-, verhaltens- oder betriebsbedingten Schwierigkeiten, die das Arbeitsverhältnis gefährden können, ganz ohne Krankheitsbezug, etwa bei Abmahnungslagen, Konflikten oder Stellenabbau. Das BEM kennt eine exakte Schwelle: über sechs Wochen Arbeitsunfähigkeit binnen eines Jahres, ununterbrochen oder wiederholt.

Der dritte Unterschied liegt in der **Freiwilligkeit**: Die Prävention ist ein Pflichtverfahren mit den Gremien. Eine Zustimmung der Betroffenen verlangt das Gesetz nicht. Das BEM gibt es dagegen nur »mit Zustimmung

und Beteiligung der betroffenen Person«. Die Ablehnung ist zulässig und bleibt folgenlos. Auch der Beteiligtenkreis unterscheidet sich: Die Prävention verlangt stets SBV, Betriebs- oder Personalrat und Integrationsamt kumulativ. Beim BEM sind es die Interessenvertretung – bei schwerbehinderten Beschäftigten zusätzlich die SBV –, eine Vertrauensperson eigener Wahl sowie bei Bedarf Betriebsarzt und Rehabilitationsträger.
Gemeinsam ist beiden: Sie sind ergebnisoffene Suchprozesse. Wird eines unterlassen, verschärft das die Verhältnismäßigkeitsprüfung einer späteren Kündigung. Sie können parallel laufen und gehören gemeinsam in die Inklusionsvereinbarung.

119. Ab wann muss ein BEM angeboten werden und gilt es auch für schwerbehinderte Beschäftigte?

Die Schwelle für das betriebliche Eingliederungsmanagement (BEM) liegt bei mehr als sechs Wochen Arbeitsunfähigkeit innerhalb eines Jahres – ununterbrochen oder wiederholt. Gemeint sind die letzten zwölf Monate rückblickend, nicht das Kalenderjahr. Alle Fehlzeiten werden addiert, gleich auf welcher Erkrankung sie beruhen. Mit Überschreiten der sechs Wochen entsteht die Pflicht kraft Gesetzes. Der Arbeitgeber muss das BEM von sich aus anbieten, eines Antrags bedarf es nicht. Nach abgeschlossenem BEM beginnt die Rechnung von vorn – erneut sechs Wochen, erneutes Angebot.
Erfasst sind ausnahmslos alle Beschäftigten, unabhängig von Betriebsgröße, Befristung oder Teilzeit. Für schwerbehinderte Beschäftigte gilt nichts anderes, sondern ein verstärktes BEM: mit der SBV zusätzlich am Tisch.
Ordnungsgemäß ist das Angebot nur mit vollständiger Belehrung. Dazu gehören der Hinweis auf die Ziele des BEM sowie auf Art und Umfang der erhobenen und verwendeten Daten (§ 167 Abs. 2 Satz 4 SGB IX), außerdem Hinweise auf die Freiwilligkeit und die Vertrauensperson eigener Wahl. Fehlt die Belehrung, liegt kein ordnungsgemäßes Angebot vor mit Folgen im Kündigungsschutz.

> **Praxistipp:**
> Auch viele Kurzerkrankungen lösen das BEM aus. Die verbreitete Annahme, nur Langzeiterkrankte seien gemeint, ist falsch.

120. Welche besondere Rolle hat die SBV im BEM schwerbehinderter Beschäftigter?

Bei schwerbehinderten und gleichgestellten Beschäftigten klärt der Arbeitgeber die Möglichkeiten »außerdem« mit der SBV (§ 167 Abs. 2 Satz 1 SGB IX). Sie ist damit kraft Gesetzes gesetzt als geborene Verfahrensbeteiligte neben Betriebs- oder Personalrat, ohne Antrag und ohne Ermessen des Arbeitgebers. Lässt er sie eigenmächtig weg, ist das BEM nicht ordnungsgemäß.
Die Grenze zieht allein die betroffene Person. Weil das gesamte BEM nur mit ihrer Zustimmung läuft, darf sie auch die Beteiligung der SBV abwählen. Der Teilnehmerkreis gehorcht ihrer Selbstbestimmung. Praktisch bedeutet das zweierlei. Die Einladungsunterlagen nennen die Möglichkeit der SBV-Beteiligung ausdrücklich, und klug ist ein früher vertraulicher Kontakt zwischen SBV und Betroffenen – die Verschwiegenheitspflicht ist dabei das beste Argument.
Einzubringen hat die SBV vor allem ihr Erfahrungswissen zu angemessenen Vorkehrungen und leidensgerechter Umsetzung sowie ihre Kenntnis der Leistungen und Zuständigkeiten. Bei schwerbehinderten Beschäftigten wird zudem das Integrationsamt hinzugezogen. Zugleich schützt ihre Anwesenheit davor, dass das BEM zum verdeckten Krankenrückkehrgespräch gerät, und sie begleitet die betroffene Person als vertraute Beisitzerin durch jeden Termin.
Schließlich denkt die SBV über das einzelne Verfahren hinaus. Sie sorgt dafür, dass die Ergebnisse in passende Maßnahmen zur Beschäftigungssicherung münden – so etwa die stufenweise Wiedereingliederung – und verankert die BEM-Standards in der Inklusionsvereinbarung.

121. Welches Initiativ- und Überwachungsrecht haben SBV und Betriebsrat im BEM?

Zwei Sätze des Gesetzes verleihen den Gremien zwei Rechte. Nach § 167 Abs. 2 Satz 7 SGB IX können Betriebs- oder Personalrat, bei schwerbehinderten Beschäftigten außerdem die SBV, die Klärung verlangen. Das ist das Initiativrecht. Bleibt der Arbeitgeber trotz erreichter Schwelle untätig, erzwingen die Gremien damit das Angebot, nicht aber die Teilnahme. Die Zustimmung der Betroffenen bleibt unberührt. Satz 8 fügt die Überwachungs-

pflicht hinzu. Die Gremien wachen darüber, dass der Arbeitgeber seine BEM-Pflichten erfüllt – ein systematischer Auftrag, keine Einzelfallhilfe.
Wachen braucht Wissen. Nach dem BAG muss der Arbeitgeber dem Betriebsrat deshalb regelmäßig die Beschäftigten benennen, die die Schwelle erreicht haben – samt dem Stand von Angebot und Annahme. Einer Einwilligung bedarf es nicht. Der Datenschutz gewährt kein Veto. Diagnosen bleiben tabu. Für die schwerbehinderten Beschäftigten gilt Entsprechendes zugunsten der SBV.
Hinzu kommt die Gestaltungsmacht. Die Ausgestaltung des BEM-Verfahrens unterliegt der Mitbestimmung und ist initiativ erzwingbar. Fehlzeitenerfassung, Einladungsunterlagen, Fristen und Auswertung gehören in die Betriebs- und die Inklusionsvereinbarung. Das Inklusionsteam wertet anonymisiert aus.
Flankierend setzt das Gesetz einen Anreiz: Rehabilitationsträger und Integrationsämter können Arbeitgeber, die ein BEM einführen, durch Prämien oder einen Bonus fördern (Abs. 3). Verweigert sich der Arbeitgeber dauerhaft, bleibt nur das Beschlussverfahren.

122. Welche Bedeutung hat ein unterlassenes BEM für die Wirksamkeit einer krankheitsbedingten Kündigung?

Ein unterlassenes BEM macht die krankheitsbedingte Kündigung nicht automatisch unwirksam. Es ist keine formelle Wirksamkeitsvoraussetzung. Aber es konkretisiert die Verhältnismäßigkeit: Die Kündigung muss das letzte Mittel sein – wer ohne BEM kündigt, trägt dafür die volle Last (st. BAG-Linie).
Diese Lastenverschärfung hat es in sich. Der Arbeitgeber muss umfassend darlegen, dass auch ein BEM die Kündigung nicht hätte vermeiden können – kein leidensgerechter Einsatz, keine Umgestaltung, keine Teilhabeleistung als milderes Mittel. Pauschale Behauptungen genügen nie. Diese »objektive Nutzlosigkeit« zu beweisen gelingt selten. Praktisch entscheidet das viele Prozesse.
Gleichgestellt ist das nicht ordnungsgemäße BEM: ohne vollständige Belehrung oder ohne die SBV bei schwerbehinderten Beschäftigten steht es

dem unterlassenen gleich. Umgekehrt entlastet die ordnungsgemäße Einladung: Lehnen Beschäftigte ab, entfällt die Verschärfung, ohne dass ihnen die Ablehnung sonst schadet. Gute Beratung vor der Entscheidung zahlt sich deshalb aus.
Bei schwerbehinderten Beschäftigten wirkt es doppelt: Auch das Integrationsamt prüft im Zustimmungsverfahren, ob BEM und Prävention durchgeführt wurden – unterbleibt diese Aufklärung, ist die Zustimmung ermessensfehlerhaft.

> **Praxistipp:**
> Das BEM ist keine Formalie vor der Kündigung. Es ist die Messlatte, an der eine Kündigung scheitern kann.

123. Welche datenschutzrechtlichen Grenzen gelten im Präventions- und BEM-Verfahren?

Nirgendwo im Betrieb gelten strengere Datenschutzregeln als im BEM. Rechtsgrundlage des Verfahrens ist § 167 Abs. 2 SGB IX (i. V. m. Art. 9 Abs. 2 Buchst. b DSGVO, § 26 Abs. 3 BDSG). Gesundheitsdaten im Gespräch dürfen zudem nur erhoben werden, soweit sie erforderlich sind und grundsätzlich nur mit ausdrücklicher, jederzeit widerruflicher Einwilligung. Empfehlenswert ist die dreistufige Einwilligung: für die Teilnahme, für die Offenlegung von Gesundheitsdaten und für die ärztliche Schweigepflichtentbindung. Diagnosen schuldet niemand; auch im BEM genügt das ärztliche Leistungsbild, also die Angabe, welche Tätigkeiten möglich sind und welche nicht.
Hinzu kommt die strikte Zweckbindung. BEM-Daten dienen ausschließlich dem BEM, nie für Kündigung, Abmahnung oder Personalauswahl. Die BEM-Akte wird getrennt geführt. Zugriff hat nur das BEM-Team. In die Personalakte gehört allein der Verfahrensnachweis, also Angebot, Annahme oder Ablehnung, Abschluss – niemals ein Inhalt.
Sorgfalt verlangt das Gesetz vor und nach dem Verfahren. Die Hinweispflicht auf Ziele, Art und Umfang der Daten (Satz 4) ist Bedingung jeder wirksamen Einwilligung; nach Abschluss sind Gesundheitsdaten zu löschen, sobald sie nicht mehr erforderlich sind. Löschfristen gehören in Betriebs- und Inklusionsvereinbarung. Den Teilnehmerkreis bestimmt die

betroffene Person mit. Die SBV bindet ihre Verschwiegenheitspflicht, den Betriebsarzt seine Schweigepflicht.
Die Prävention (Abs. 1) folgt denselben Grundsätzen: Erforderlichkeit, keine Diagnosen, aufgabenbezogene Unterlagen. Verstöße wirken doppelt – als Verwertungsverbot im Prozess und als zerstörtes Vertrauen, von dem jedes BEM lebt.

124. Welche Maßnahmen kommen im Präventions- und BEM-Verfahren zur Beschäftigungssicherung in Betracht?

Die Maßnahmen folgen einer Stufenleiter – derselben, die Kündigungen verhindert. Zuerst kommt der Arbeitsplatz: angemessene Vorkehrungen, Hilfsmittel, Umgestaltung, Arbeitsassistenz, leidensgerechte Umsetzung. Dann folgt die Organisation mit Teilzeitanspruch und Mehrarbeitsbefreiung, Schichtzuschnitt und mobiler Arbeit, danach die Qualifizierung. Flankiert wird alles von Leistungen der Rehabilitationsträger und der begleitenden Hilfe des Integrationsamts.
Eine mögliche Brücke zurück in die Arbeit kann die stufenweise Wiedereingliederung (§ 44 SGB IX, § 74 SGB V) sein. Noch arbeitsunfähige Beschäftigte steigern ihre Belastung nach einem ärztlichen Stufenplan, etwa von vier über sechs Stunden zur Vollzeit. Der Status bleibt Arbeitsunfähigkeit: Statt Lohn fließt Kranken-, Übergangs- oder Verletztengeld; der Plan ist anpassbar, ein Abbruch jederzeit ohne Nachteil möglich.
Entscheidend für schwerbehinderte Beschäftigte: Nach dem BAG folgt aus § 164 Abs. 4 SGB IX ein Anspruch auf Mitwirkung des Arbeitgebers. Er kann die Wiedereingliederung nicht nach Belieben ablehnen. Bei Weigerung droht Schadensersatz. Die stufenweise Wiedereingliederung ist ein klassisches BEM-Ergebnis; die SBV begleitet, die Unterlagen gehören in die BEM-Akte.
Verankert wird der Katalog in der Inklusionsvereinbarung; die Rehabilitationsträger finanzieren, Prämien und Bonus setzen zusätzliche Anreize.
Der Merksatz lautet: Die Kündigung steht erst hinter der letzten Sprosse.

M. Besonderer Kündigungsschutz und Beendigung

125. Worin besteht der besondere Kündigungsschutz schwerbehinderter und gleichgestellter Beschäftigter?

Die Kündigung schwerbehinderter und gleichgestellter Beschäftigter bedarf der vorherigen Zustimmung des Integrationsamts (§ 168 SGB IX). Die Behörde prüft, bevor gekündigt werden darf. Ohne Zustimmung ist die Kündigung unwirksam. Der Schutz wirkt damit nicht erst vor Gericht, sondern davor: präventive Kontrolle statt nachträglicher Reparatur.
Ein Kündigungsverbot ist das nicht, sondern ein Filter. Das Amt prüft, ob die Kündigung mit der Behinderung zusammenhängt und ob mildere Mittel ausgeschöpft sind – Prävention und BEM, angemessene Vorkehrungen, Umsetzung, Förderleistungen. Der Zweck ist Chancenausgleich, nicht Bevorzugung. Schwerbehinderte Menschen tragen am Arbeitsmarkt höhere Risiken und brauchen länger für eine neue Stelle. Der Bestandsschutz gleicht diese behinderungsbedingten Nachteile aus.
Warum eine Behörde? Weil das Amt mehr kann als ein Gericht. Es bringt Sachverstand und Fördermittel mit. Wo Hilfsmittel, Arbeitsassistenz oder ein Minderleistungsausgleich das Problem lösen, bietet es Geld statt Kündigung.
Der Sonderschutz tritt neben das allgemeine Recht. Die Prüfung nach dem KSchG und die Anhörung von Betriebsrat und SBV laufen unberührt weiter. Die Kündigung muss alle Hürden nehmen.

126. Für welche Kündigungen ist die Zustimmung des Integrationsamtes erforderlich?

Jede arbeitgeberseitige Kündigung braucht die Zustimmung des Integrationsamtes – die **ordentliche** gleich welchen Grundes, ob personen-, verhaltens- oder betriebsbedingt (§ 168 SGB IX), und die **außerordentliche** nach einem eigenen, beschleunigten Verfahren (§ 174 SGB IX). Erfasst sind schwerbehinderte und gleichgestellte Beschäftigte.
Auch die **Änderungskündigung** ist zustimmungspflichtig. Sie bleibt eine Kündigung, auch wenn nur die Arbeitsbedingungen geändert werden sollen und selbst dann, wenn das Änderungsangebot unter Vorbehalt angenommen wird. Wer geänderte Bedingungen mit einer Änderungskündigung durchsetzen will, kommt am Amt also nicht vorbei.
Hinzu tritt der **erweiterte Beendigungsschutz des § 175 SGB IX**. Endet das Arbeitsverhältnis ohne Kündigung kraft Tarif- oder Vertragsklausel (etwa wegen teilweiser Erwerbsminderung oder einer befristeten Rente wegen Erwerbsminderung), bedarf auch diese Beendigung der vorherigen Zustimmung; fehlt sie, besteht das Arbeitsverhältnis fort. Das ist eine oft übersehene Falle in Tarifverträgen.
Nicht erfasst sind Eigenkündigung und Aufhebungsvertrag. Dort kündigt nicht der Arbeitgeber; gefragt ist die eigene Vorsicht. Ebenso wenig erfasst ist der Ablauf einer Befristung, denn er ist keine Kündigung. Schließlich gelten die gesetzlichen Ausnahmen, also die Wartezeit und der Katalog des § 173 SGB IX.
Der Merksatz lautet: Wo der Arbeitgeber einseitig beendet oder eine Klausel für ihn beendet, wacht das Amt – wo beide unterschreiben, wacht nur die eigene Vorsicht.

127. Greift der Sonderschutz nach § 168 SGB IX schon in den ersten sechs Monaten?

Nein, der Zustimmungsvorbehalt greift erst nach sechs Monaten: Das Kündigungsschutz-Kapitel gilt nicht, wenn das Arbeitsverhältnis im Zeitpunkt des Kündigungszugangs noch keine sechs Monate ohne Unterbrechung bestanden hat (§ 173 Abs. 1 Nr. 1 SGB IX). Der Gesetzgeber wollte

Einstellungshemmnisse abbauen, die Parallele zur Wartezeit des § 1 Abs. 1 KSchG ist gewollt.

Maßgeblich ist der **Zugang der Kündigung**, nicht der Beendigungstermin. Geht die Kündigung am letzten Tag der sechs Monate zu, bleibt sie zustimmungsfrei. Geht sie einen Tag später zu, braucht sie das Amt. **Und Wartezeit ist nicht Probezeit:** Eine vertraglich kürzere Probezeit verkürzt die Sechs-Monats-Grenze nicht.

Eine Restpflicht bleibt auch in der Wartezeit: Der Arbeitgeber hat die Kündigung – wie schon Einstellungen auf Probe – dem Integrationsamt binnen vier Tagen anzuzeigen (§ 173 Abs. 4 SGB IX). Das ist eine Melde-, keine Zustimmungspflicht. Ihre Verletzung macht die Kündigung nicht unwirksam, fällt aber auf.

Und schutzlos ist die Wartezeit deshalb nicht: SBV-Anhörung, Betriebsratsanhörung, Benachteiligungsverbot und Vorkehrungspflicht gelten ab dem ersten Tag.

> **Praxistipp:**
> Die SBV sollte die Sechs-Monats-Marken schwerbehinderter Beschäftigter im Blick haben und Beschäftigte sollten ihren Status früh offenlegen, damit der Schutz ab Tag 183 lückenlos trägt.

128. Gilt der Schutz nach § 168 SGB IX auch bei laufendem Anerkennungsantrag?

Ja – unter Bedingungen. Der Schutz kennt zwei Wege: Entweder ist der Status beim Kündigungszugang bereits nachgewiesen oder das Feststellungsverfahren läuft noch. Dann gilt die **Drei-Wochen-Regel**: Der Antrag auf Anerkennung oder Gleichstellung muss mindestens drei Wochen vor Zugang der Kündigung gestellt sein (§ 173 Abs. 3i. V. m. § 152 Abs. 1 Satz 3 SGB IX). Der Schutz »schwebt« dann und festigt sich mit der späteren Anerkennung; die Gleichstellung wirkt ohnehin auf den Antragstag zurück.

Liegt beim Kündigungszugang noch keine Entscheidung des Versorgungsamts vor, bleibt der Schwebeschutz nur erhalten, wenn die Feststellung nicht an mangelnder Mitwirkung scheitert. Wer angeforderte Befunde schuldig bleibt oder Untersuchungstermine versäumt, verliert den Schutz.

Braucht dagegen das Amt selbst länger (etwa für Gutachten), schadet das nicht.

Zweierlei hat das BAG klargestellt. Ein zunächst negativer Bescheid – etwa ein GdB unter 50 – schadet nicht, solange er im Widerspruchs- oder Klageverfahren angegriffen wird. Wird er aber bestandskräftig, weil der Widerspruch versäumt wurde, ist der Sonderschutz verloren, selbst wenn später rückwirkend anerkannt wird. Fristen wahren ist alles.

> **Praxistipp:**
> Den Antrag früh stellen und bei nötigen Gutachten eher in sieben Wochen denken. Klug ist die Doppelstrategie – Anerkennungsantrag beim Versorgungsamt plus vorsorglicher Gleichstellungsantrag bei der Agentur für Arbeit, falls nur ein GdB von 30 oder 40 herauskommt. Die Agentur wartet die Entscheidung ab. Die SBV hilft beim Antrag.

129. Was gilt, wenn der Arbeitgeber die Schwerbehinderung bei Kündigung nicht kannte?

Der Sonderschutz besteht objektiv, Arbeitgeberkenntnis ist keine Voraussetzung. Eine ohne Zustimmung ausgesprochene Kündigung ist auch dann unwirksam, wenn der Arbeitgeber von der Schwerbehinderung nichts wusste. Die Rechtssicherheit verlangt aber ein Gegenstück: Wer sich auf den Schutz berufen will, muss den Status offenbaren.

Kennt der Arbeitgeber weder Status noch Antrag, muss sich die gekündigte Person im Regelfall binnen drei Wochen nach Zugang der Kündigung ihm gegenüber auf Schwerbehinderung, Gleichstellung oder die rechtzeitige Antragstellung berufen. Ansonsten ist der Schutz verwirkt – verloren durch bloßes Schweigen. Die Mitteilung in der fristgerecht eingereichten Klageschrift genügt, auch wenn sie erst kurz danach zugestellt wird. Wichtig ist der Absender: Die Mitteilung muss von der betroffenen Person oder ihrem Bevollmächtigten stamme. Erfährt der Arbeitgeber es nur über Dritte, etwa die Agentur für Arbeit oder den Betriebsrat, genügt das nicht.

Vorsicht, Verwechslungsgefahr: Es laufen zwei Drei-Wochen-Fristen parallel – die Mitteilung an den Arbeitgeber und die Kündigungsschutzklage. Die Klageschrift kann beide erledigen. Sicherer ist die sofortige, nachweisbare Mitteilung. Die SBV sollte früh eingebunden sein.

Spiegelbildlich ist auch der Wegfall des Status mitzuteilen (§ 241 Abs. 2 BGB), etwa wenn der GdB bestandskräftig unter 50 sinkt.

130. Wie läuft das Zustimmungsverfahren beim Integrationsamt ab?

Der Arbeitgeber beantragt die Zustimmung schriftlich beim Integrationsamt am Betriebssitz und trägt den Kündigungsgrund und die Sozialdaten vor (§ 170 Abs. 1 SGB IX). Dann ermittelt das Integrationsamt und hört alle drei Seiten – den Betriebs- oder Personalrat, die SBV und die betroffene Person (Abs. 2). Diese Anhörung durch das Amt ersetzt allerdings nie die SBV-Anhörung durch den Arbeitgeber.
In jeder Lage des Verfahrens wirkt das Amt auf eine gütliche Einigung hin (Abs. 3) – eine Art Güteverhandlung, meist in einem mündlichen Termin mit allen Beteiligten. Hier kommen die Fördermittel ins Spiel, also Geld statt Kündigung, Umsetzung, Nachholung von BEM und Prävention.
Entscheiden soll das Amt bei der ordentlichen Kündigung binnen eines Monats ab Antragseingang. Das ist eine bloße Ordnungsfrist ohne Zustimmungsfiktion, ihre Überschreitung bleibt folgenlos. Anders die außerordentliche Kündigung. Der begründete Bescheid wird beiden Seiten zugestellt, samt Rechtsbehelfsbelehrung. Nach erteilter Zustimmung kann der Arbeitgeber die Kündigung nur binnen eines Monats nach Zustellung erklären; danach verfällt sie (§ 171 Abs. 3 SGB IX). Widerspruch oder Klage der betroffenen Person haben keine aufschiebende Wirkung, gekündigt werden darf trotzdem.
Verteidigt wird deshalb zweigleisig: vor dem Verwaltungsgericht gegen die Zustimmung, vor dem Arbeitsgericht gegen die Kündigung.

131. Nach welchen Kriterien entscheidet das Integrationsamt?

Das Amt wägt nach pflichtgemäßem Ermessen Beendigungs- gegen Bestandsinteresse ab. Leitgedanke ist die Teilhabe. Die Sozialwidrigkeit prüft es nicht (Arbeitsgerichtssache). Maßstab ist der behinderungsspezifische Schutzbedarf. Zentral ist der Zusammenhang von Kündigungsgrund und

Behinderung – je enger, desto strenger. Behinderungsfremde Gründe senken die Hürde.
Zuerst klärt es, ob Prävention und BEM durchgeführt wurden. Bleibt das offen, ist die Entscheidung ermessensfehlerhaft. Weiter fragt es nach milderen Mitteln, wie etwa angemessene Vorkehrungen, Umsetzung, Förderleistungen. Hinzu kommen Schwere der Behinderung, Alter, Betriebszugehörigkeit, Arbeitsmarktchancen und Quotenbilanz. Eine gelebte Inklusionsvereinbarung zählt als Plus.
§ 172 SGB IX zieht dem Ermessen Grenzen. Bei endgültiger Stilllegung muss es zustimmen, wenn zwischen Kündigung und Lohnzahlungsende mindestens drei Monate liegen. Bei wesentlicher Einschränkung soll es zustimmen, sofern die Quote mit den Verbleibenden erfüllt bleibt. Beides gilt nicht bei zumutbarer Weiterbeschäftigung beim selben Arbeitgeber mit Einverständnis der Betroffenen. Die Soll-Zustimmung gilt auch bei gesichertem zumutbarem Arbeitsplatz (Abs. 2) und in der Insolvenz mit Namensliste – vorausgesetzt, die SBV ist am Interessenausgleich beteiligt, der Entlassungsanteil proportional und die Pflichtquote erfüllt (Abs. 3).
Ermessensfehler machen die Zustimmung im Widerspruch und vor dem Verwaltungsgericht angreifbar. Parallel prüfen die Arbeitsgerichte die soziale Rechtfertigung – zwei Wege, zwei Maßstäbe.

132. In welchen Fällen ist ausnahmsweise keine Zustimmung des Integrationsamtes erforderlich?

Der Katalog steht in § 173 SGB IX; fünf Fallgruppen lassen die Zustimmungspflicht entfallen:

- **Wartezeit:** In den ersten sechs Monaten des Arbeitsverhältnisses ist keine Zustimmung erforderlich (Abs. 1 Nr. 1).
- **Keine Arbeitsplätze im Rechtssinn:** Ausgenommen sind Beschäftigte auf Stellen, die gar nicht als Arbeitsplätze im Sinne des Gesetzes zählen (Abs. 1 Nr. 2 i. V. m. § 156 Abs. 2 Nr. 2 bis 5).
- **Ältere mit sozialer Absicherung:** Zustimmungsfrei ist die Kündigung von Beschäftigten, die das 58. Lebensjahr vollendet haben und Anspruch auf eine Abfindung, Entschädigung oder ähnliche Leistung aus einem Sozialplan haben (Buchst. a) oder Knappschaftsausgleichsleistung oder Anpassungsgeld des Bergbaus beanspruchen können (Buchst. b). Die

Ausnahme greift aber nur, wenn der Arbeitgeber die Kündigungsabsicht rechtzeitig mitgeteilt hat und die Betroffenen bis zum Ausspruch nicht widersprechen. Wer widerspricht, behält den vollen Zustimmungsschutz – die SBV sollte genau dazu beraten.

- **Witterungsentlassungen:** Klassisch am Bau entfällt die Zustimmung, sofern die Wiedereinstellung bei Wiederaufnahme der Arbeit gewährleistet ist (Abs. 2).
- **Fehlender Nachweis oder Antrag:** Ohne nachgewiesenen Status oder rechtzeitigen Antrag besteht kein Schutz (Abs. 3).

In den Wartezeitfällen bleibt die Vier-Tage-Anzeige an das Integrationsamt (Abs. 4). Die Ausnahmen sind eng und abschließend.
Im Zweifel gilt der Merksatz: Ohne Integrationsamt keine Kündigung.

133. Was gilt bei der außerordentlichen (fristlosen) Kündigung schwerbehinderter Menschen?

Auch die fristlose Kündigung braucht die Zustimmung und § 174 SGB IX setzt dafür zweimal zwei Wochen. Der Antrag ist nur binnen zwei Wochen ab Kenntnis der maßgebenden Tatsachen möglich. Es zählt der Eingang beim Amt, und der Antrag wahrt zugleich die Frist des § 626 Abs. 2 BGB. Das Amt entscheidet binnen zwei Wochen ab Eingang. Schweigt es, gilt die Zustimmung als erteilt (Abs. 2, 3). Die Beteiligung läuft wie im Regelverfahren.

Vorsicht bei der Fiktion: Maßgeblich ist die Entscheidung in der Frist, nicht deren Zustellung. Wer direkt nach Fristablauf kündigt, riskiert Unwirksamkeit, wenn eine rechtzeitige Versagung noch unterwegs war. Umgekehrt genügt mündliche Bekanntgabe der Zustimmung. Nach der Zustimmung muss der Arbeitgeber unverzüglich kündigen (Abs. 5) – kein Monat wie bei der ordentlichen.

Das Ermessen ist gebunden (Abs. 4). Steht der wichtige Grund gemäß § 626 Abs. 1 BGB nicht im Zusammenhang mit der Behinderung, soll das Amt zustimmen; Ausnahmen sind anderweitige Beschäftigung und besonders gelagerte soziale Härten. Je näher der Vorwurf – auch mittelbar – an der Behinderung liegt, desto eher die Versagung. Ob überhaupt ein wichtiger Grund vorliegt, hat das Amt vollständig zu prüfen. Es darf sich nicht auf die Frage beschränken, ob er offensichtlich fehlt.

Ein Sonderfall ist die außerordentliche Kündigung mit sozialer Auslauffrist gegenüber tariflich Unkündbaren: Auch sie läuft nach dem BAG im Verfahren des § 174 SGB IX samt Fiktion. Das ist jedoch umstritten. Für Beschäftigte zählt jeder Tag: sofort die SBV einschalten und die Klagefrist wahren.

134. Muss die SBV vor jeder Kündigung beteiligt werden?

Ja, ausnahmslos – vor jeder Kündigung, ob ordentlich, außerordentlich oder als Änderungskündigung, in Wartezeit und Kleinbetrieb, bei jedem Kündigungsgrund. Die Anhörungspflicht kennt keinen Ausnahmekatalog. Selbst wo das Amt nach § 173 SGB IX nicht gefragt werden muss, bleibt die SBV zu beteiligen. Wird sie übergangen, ist die Rechtsfolge scharf und die Kündigung ist unwirksam (§ 178 Abs. 2 Satz 3 SGB IX).

Der häufigste Irrtum liegt darin, die Stellungnahme der SBV gegenüber dem Integrationsamt für die Anhörung durch den Arbeitgeber zu halten. Es sind zwei Pflichten mit zwei Adressaten und zwei Zeitpunkten. Wer nur das Amtsverfahren bedient, kassiert die Unwirksamkeit trotzdem.

Drei Konstellationen verdienen einen zweiten Blick. Trifft die Kündigung die Vertrauensperson selbst, hört der Arbeitgeber das stellvertretende Mitglied an. Fehlt im Betrieb eine SBV, entfällt die Anhörung ersatzlos, ein Grund mehr für die Wahl. Und die Unwirksamkeit wirkt nur, wenn binnen drei Wochen Kündigungsschutzklage erhoben wird; sonst heilt § 7 KSchG den Mangel.

Für die SBV ergibt sich ein klares Prüfschema: die Frist voll nutzen (eine Woche, bei der fristlosen Kündigung drei Tage), die Stellungnahme dokumentieren, mit dem Widerspruch des Betriebsrats verzahnen und parallel die Stellungnahme an das Amt ausarbeiten. Dieselben Argumente entfalten so dreifache Wirkung.

135. Wie greifen § 102 BetrVG und das Zustimmungsverfahren ineinander?

Eine gesetzliche Reihenfolge gibt es nicht. Der Arbeitgeber darf den Betriebsrat vor, während oder nach dem Zustimmungsverfahren anhören. Für die SBV gilt dasselbe. Hart sind nur die Endpunkte: Ausgesprochen wird erst, wenn alle drei Verfahren abgeschlossen sind – die Betriebsratsfrist ist abgelaufen oder die Stellungnahme liegt vor, die SBV-Anhörung beendet, die Zustimmung zugestellt.
Zwei Klammern halten die Anhörungen zusammen. Erstens die **Inhaltsgleichheit**: Die dem Betriebsrat mitgeteilten Gründe müssen mit denen vor dem Amt übereinstimmen. Auf nicht angehörte Gründe lässt sich die Kündigung nicht stützen. Zweitens die **Aktualität**: Liegt die Anhörung lange zurück oder ändert sich der Sachverhalt, ist neu anzuhören. Hinzu kommt das Monatsfenster. Binnen eines Monats nach Zustellung der Zustimmung muss gekündigt werden. Bis dahin müssen beide Anhörungen abgeschlossen sein.
Üblich läuft die ordentliche Kündigung so: erst die Prävention erörtern (der Sache nach vor dem Antrag beim Integrationsamt), dann der Antrag, parallel oder danach die Anhörungen von Betriebsrat und SBV, nach Zustellung im Monatsfenster der Ausspruch.
Bei der fristlosen Kündigung verdichtet sich alles: Antrag binnen zwei Wochen, parallel dazu Drei-Tage-Frist des Betriebsrats und SBV-Anhörung, nach Zustimmung oder Fiktion der unverzügliche Ausspruch – die Anhörungsfristen verletzen die Unverzüglichkeit nicht.
Das Merkbild: drei Schlösser, eine Tür – geöffnet wird erst, wenn alle drei aufgeschlossen sind.

136. Was passiert, wenn der Arbeitgeber ohne Zustimmung des Integrationsamtes kündigt?

Die Kündigung ist nichtig. Ohne vorherige Zustimmung verstößt sie gegen ein gesetzliches Verbot (§ 168 SGB IX i. V. m. § 134 BGB). Das gilt für die ordentliche wie die außerordentliche Kündigung und auch bei Unkenntnis des Arbeitgebers. Geheilt wird nichts: Eine nachträglich erteilte Zustimmung macht die alte Kündigung nicht wirksam. Der Arbeitgeber muss neu kündigen, mit kompletter Beteiligungsrunde.

Vorsicht bei der Frist: Auch diese Unwirksamkeit muss binnen drei Wochen durch Kündigungsschutzklage geltend gemacht werden, sonst heilt § 7 KSchG den Mangel. Zwar verschiebt § 4 Satz 4 KSchG den Fristbeginn auf die Bekanntgabe der Amtsentscheidung. Lief gar kein Verfahren, beginnt die Frist nach überwiegender Auffassung nicht. Verlassen sollte sich darauf niemand. Parallel drohen Verwirkung und die Pflicht, sich binnen drei Wochen gegenüber dem Arbeitgeber auf den Status zu berufen. Die Faustregel lautet: immer binnen drei Wochen klagen.

Die Folgen für den Arbeitgeber sind teuer: Annahmeverzugslohn für die gesamte Prozessdauer (§ 615 BGB), Weiterbeschäftigung nach gewonnenem Prozess – bei Widerspruch des Betriebsrats schon ab Klageerhebung – und bei Diskriminierung zusätzlich eine Entschädigung.

Prozessual gilt Arbeitsteilung: Die fehlende Zustimmung prüft das Arbeitsgericht selbst und voll. Die erteilte Zustimmung dagegen bindet es. Angreifbar ist sie nur mit Widerspruch und Klage vor dem Verwaltungsgericht.

Der Merksatz lautet: Ohne Amt ist die Kündigung nichtig. Aber nur, wer klagt, erntet die Nichtigkeit.

137. Welche Fristen müssen Beschäftigte bei Kündigungen wahren und worauf ist beim Aufhebungsvertrag zu achten?

Vor dem Arbeitsgericht gilt: Die Kündigungsschutzklage muss binnen drei Wochen ab Zugang erhoben werden (§ 4 KSchG). Sie erfasst alle Unwirksamkeitsgründe – Sozialwidrigkeit, fehlende SBV-Anhörung, fehlende Zustimmung. Versäumt heißt geheilt (§ 7 KSchG). Die nachträgliche Zulassung (§ 5 KSchG) rettet nur unverschuldete Fälle. Dazu läuft die Drei-Wochen-Mitteilungsfrist gegenüber dem Arbeitgeber.

Auf dem Verwaltungsweg gilt: Gegen die erteilte Zustimmung hilft der Widerspruch binnen eines Monats ab Bekanntgabe (Widerspruchsausschuss beim Amt), danach die Klage zum Verwaltungsgericht. Aufschiebende Wirkung haben beide nicht. Deshalb parallel vorgehen. Die

Kündigungsschutzklage wartet nicht auf das Verwaltungsgericht. Wird die Zustimmung erst nach rechtskräftigem Arbeitsgerichtsurteil aufgehoben, bleibt die Restitutionsklage binnen Monatsfrist.

Der Aufhebungsvertrag verlangt eigene Vorsicht: Kein Amt prüft, kein Widerrufsrecht besteht und es droht die Sperrzeit beim Arbeitslosengeld, wenn kein wichtiger Grund vorliegt. Vorher sollte man die Agentur für Arbeit fragen. Zum Schutz gehört mehreres: die SBV hinzuziehen; der Vertrag löst zwar keine Anhörungspflicht aus, doch Beschäftigte haben Anspruch auf ihren Beistand. Das Gebot fairen Verhandelns verbietet Überrumpelung. Sonst drohen dem Arbeitgeber Unwirksamkeit und Schadensersatz. Bedenkzeit nehmen, Abfindung, Zeugnis, Resturlaub und Rentennähe regeln und nie am Tisch unterschreiben.

N. Integrationsamt, Förderleistungen und unterstützende Dienste

138. Welche Aufgaben hat das Integrationsamt im Arbeitsleben?

Vier Aufgaben nennt § 185 Abs. 1 SGB IX: die Erhebung und Verwendung der Ausgleichsabgabe (die eingezahlte Abgabe kehrt als Förderung zurück), den Kündigungsschutz, die begleitende Hilfe im Arbeitsleben und – als Randfall – die zeitweilige Entziehung besonderer Hilfen (§ 200 SGB IX). Für all das ist das Amt mit geschultem Fachpersonal auszustatten.

Das Herzstück ist die begleitende Hilfe (Abs. 2). Sie soll bewirken, dass schwerbehinderte Menschen in ihrer sozialen Stellung nicht absinken, ihre Fähigkeiten voll verwerten und weiterentwickeln und sich im Wettbewerb behaupten, einschließlich psychosozialer Betreuung. Sie läuft in enger Zusammenarbeit mit der Agentur für Arbeit und den Rehabilitationsträgern; die Faustregel der Abgrenzung lautet: Das Amt sichert die Erhaltung des Arbeitsplatzes, die Rehabilitationsträger fördern die Erlangung. Als verlängerten Arm beteiligt das Amt die Integrationsfachdienste.

Hinzu kommen Prävention und Bildung. Das Amt wirkt darauf hin, dass Schwierigkeiten gar nicht erst entstehen oder beseitigt werden – mit Schulungen für Vertrauenspersonen, Inklusionsbeauftragte und Betriebs- oder Personalräte. Ergänzt wird das durch Ansprechpartner bei den Kammern, die einheitlichen Ansprechstellen für Arbeitgeber, den technischen Beratungsdienst und die Widerspruchsausschüsse.

Das Merkbild: Bank, Wächter, Berater – das Integrationsamt verwaltet den Solidartopf, bewacht den Bestand und berät alle Seiten. Wer es nur als Kündigungsbehörde kennt, verschenkt seinen besten Verbündeten.

139. Welche begleitenden Hilfen im Arbeitsleben gewährt das Integrationsamt?

Die begleitende Hilfe speist sich aus der Ausgleichsabgabe und wird durch die Schwerbehinderten-Ausgleichsabgabeverordnung (SchwbAV) konkretisiert. Es sind Ermessensleistungen mit einer Ausnahme: Auf die Übernahme notwendiger Arbeitsassistenz besteht ein Rechtsanspruch (§ 185 Abs. 5 SGB IX). Sie sind nachrangig: Ist ein Rehabilitationsträger zuständig, geht dessen Leistung vor. Das Amt liefert Geld und Dienste.
An schwerbehinderte Beschäftigte fließt insbesondere Förderung (§ 185 Abs. 3 Nr. 1 SGB IX):

- für technische Arbeitshilfen – ergänzend zur Vorkehrungspflicht,
- zum Erreichen des Arbeitsplatzes – Kfz-Umrüstung, Führerschein, Beförderungskosten,
- zur Gründung und Erhaltung einer selbständigen Existenz,
- zur Beschaffung, Ausstattung und Erhaltung einer behinderungsgerechten Wohnung – bis zum arbeitsplatznahen Umzug,
- zur Erhaltung und Erweiterung beruflicher Kenntnisse,
- und, als Auffangtatbestand, in besonderen Lebenslagen.

An Arbeitgeber (Nr. 2) fließen Zuschüsse von der behinderungsgerechten Einrichtung über Ausbildungs- und BEM-Einführungsprämien bis zum Ausgleich außergewöhnlicher Belastungen. Dazu kommen Mittel an Träger von Integrationsfachdiensten und Inklusionsbetrieben (Nr. 3) sowie für Aufklärungs-, Schulungs- und weitere Fördermaßnahmen (Nrn. 4 bis 6). Hinzu kommen als Dienste psychosoziale Betreuung, Integrationsfachdienst und technischer Beratungsdienst.

Praxistipp:
Immer vor der Anschaffung beantragen, denn rückwirkend wird nicht gefördert. Der Antrag kann formlos gestellt werden und die SBV unterstützt dabei.

140. Welche Leistungen zur Teilhabe am Arbeitsleben gibt es?

§ 49 SGB IX fächert die Leistungen breit auf: Hilfen zur Erhaltung oder Erlangung eines Arbeitsplatzes, Berufsvorbereitung, Anpassung, Weiter-

bildung und Ausbildung (bis zur Umschulung), Hilfen zur Selbständigkeit, flankiert von Kfz-Hilfe, Hilfsmitteln, technischen Arbeitshilfen und der Arbeitsassistenz zur Erlangung eines Arbeitsplatzes (Abs. 8). Während der Maßnahme sichert Übergangsgeld den Lebensunterhalt. Auch an Arbeitgeber fließen Teilhabeleistungen (§ 50 SGB IX): Ausbildungs- und Eingliederungszuschüsse, Probebeschäftigung.
Bei den Trägern (§ 6 SGB IX) decken drei Faustregeln die meisten Fälle: nach Arbeitsunfall oder Berufskrankheit die **Unfallversicherung**, bei 15 Beitragsjahren oder Rentennähe die **Rentenversicherung**, sonst die **Agentur für Arbeit** als Auffangträger. Das Integrationsamt ist kein Rehabilitationsträger. Es ergänzt nachrangig zur Erhaltung.
Für Beschleunigung sorgt § 14 SGB IX: Der Antrag bei irgendeinem Träger genügt. Dieser prüft seine Zuständigkeit binnen zwei Wochen; hält er sich nicht für zuständig, leitet er unverzüglich weiter, und der zweite Träger muss leisten – eine zweite Weiterleitung gibt es nicht. Niemand fällt zwischen die Stühle. Bei Mehrfachbedarf koordiniert der Teilhabeplan (§ 19 SGB IX).

> **Praxistipp:**
> Der Antrag kann formlos gestellt werden. Wunsch- und Wahlrecht sind zu beachten (§ 8 SGB IX). Die SBV und der Integrationsfachdienst unterstützen. Aus dem BEM heraus ist auf unverzügliche Antragstellung hinzuwirken.

141. Welche finanziellen Förderungen können Arbeitgeber erhalten?

Die Förderung folgt der Phase: Bei der Einstellung zahlen die Agentur für Arbeit und die Rehabilitationsträger, bei der Sicherung zahlt das Amt aus der Ausgleichsabgabe.
Bei der Einstellung deckt der Eingliederungszuschuss bis zu 70 Prozent des Arbeitsentgelts für bis zu 24 Monate – bei besonders betroffenen schwerbehinderten Menschen deutlich länger, bis zu 60, bei Älteren bis zu 96 Monate (§§ 88 ff. SGB III). Die Probebeschäftigung wird bis zu drei Monate voll erstattet (§ 46 SGB III); dazu kommen Zuschüsse zur Ausbildungsvergütung (§ 50 SGB IX).

Bei der Sicherung zahlt das Integrationsamt (§ 185 Abs. 3 Nr. 2 SGB IX, §§ 26f. SchwbAV): Investitionszuschüsse und Darlehen für die behinderungsgerechte Einrichtung (auch Neuschaffung) von Arbeits- und Ausbildungsplätzen; den Minderleistungsausgleich als laufenden Lohnkostenzuschuss bei außergewöhnlichen Belastungen, »vor allem, wenn ohne diese Leistungen das Beschäftigungsverhältnis gefährdet würde« – das Geld-statt-Kündigung-Prinzip; dazu Prämien für die BEM-Einführung und Ausbildungsprämien, auch für gleichgestellte Auszubildende.
Drei Grundregeln gelten: vor der Maßnahme beantragen, Ermessensleistungen stehen unter Haushaltsvorbehalt, und die einheitliche Ansprechstelle für Arbeitgeber berät kostenlos. Für Betriebsrat und SBV heißt das: die Fördermöglichkeiten in Personalplanung und Inklusionsvereinbarung verankern.

142. Was ist Arbeitsassistenz/Jobcoaching und wer trägt die Kosten?

Arbeitsassistenz ist die regelmäßige persönliche Unterstützung bei der Ausführung der Arbeit; die Assistenzkraft liest vor, reicht an, fährt. Die Kernleistung erbringt die schwerbehinderte Person selbst. Das Besondere ist ein echter Rechtsanspruch auf volle Kostenübernahme der als notwendig festgestellten Assistenz (§ 185 Abs. 5 SGB IX). Seit 1.1.2024 gilt eine Genehmigungsfiktion: Entscheidet das Amt nicht binnen sechs Wochen, gilt der nach Art und Umfang genau bezeichnete Antrag als genehmigt (Abs. 9).
Beim Kostenträger entscheidet die Phase – für die Erhaltung des Arbeitsplatzes zahlt das Integrationsamt, für die Erlangung die Rehabilitationsträger (§ 49 Abs. 8 Nr. 3 SGB IX; praktisch die ersten drei Jahre, abgewickelt vom Amt). Die Rehabilitationsträger dürfen nicht auf das Amt verweisen, das Amt stockt nicht auf (§ 185 Abs. 6 SGB IX). § 14 SGB IX gilt sinngemäß. Organisiert wird im Arbeitgebermodell (selbst einstellen) oder über Dienstleister, auf Wunsch als Persönliches Budget (§ 185 Abs. 8 SGB IX).
Jobcoaching ist etwas anderes. Es ist ein befristetes Training am Arbeitsplatz durch eine Fachkraft, oft den Integrationsfachdienst, um Routinen und Selbständigkeit aufzubauen. Finanziert wird es als begleitende Hilfe oder Teilhabeleistung.

> **Praxistipp:**
> Bedarf konkret belegen (mittels Tätigkeitsanalyse, notfalls mit dem technischen Beratungsdienst), vor Beginn beantragen. Die SBV unterstützt. Daneben besteht der Anspruch auf Berufsbegleitung nach dem Übergang aus einer Werkstatt für behinderte Menschen (§ 185 Abs. 4 SGB IX).

143. Welche Aufgaben übernimmt der Integrationsfachdienst (IFD)?

Der Integrationsfachdienst ist beauftragter Fachdienst, kein Leistungsträger. Getragen meist von freien gemeinnützigen Trägern, arbeitet er im Auftrag von Integrationsamt, Agentur für Arbeit und Rehabilitationsträgern (§§ 192ff. SGB IX) – flächendeckend in jedem Bezirk, bezahlt vom Auftraggeber, für Betroffene und Betriebe kostenfrei.
Sein Profil ist doppelt. Auf der Vermittlungsseite erstellt er Fähigkeitsprofile, akquiriert Arbeitsplätze, begleitet Bewerbungen und arbeitet ein – bis hin zum Jobcoaching. Auf der Sicherungsseite leistet er psychosoziale Begleitung und Krisenintervention, berät Beschäftigte, Arbeitgeber, SBV und Betriebsrat und moderiert in Konflikten wie im BEM. Zielgruppe sind Menschen mit besonderem Unterstützungsbedarf, etwa bei seelischer oder geistiger Behinderung, beim Übergang aus der Werkstatt für behinderte Menschen samt Budget für Arbeit oder von der Schule in den Beruf.
Eingeschaltet wird der Dienst durch Auftrag von Amt, Agentur oder Rehabilitationsträger; der formale Weg führt über den Leistungsantrag. Für die Erstberatung steht er aber allen offen. Betroffene, Arbeitgeber und SBV können sich direkt an ihn wenden, und der IFD organisiert dann die Beauftragung.
Für Betriebsrat und SBV heißt das, den IFD früh in das Inklusionsteam zu holen; in Krisen vor der Eskalation, bei Vermittlungsbedarf nach Betriebsänderungen.

144. Was sind die Einheitlichen Ansprechstellen für Arbeitgeber (EAA)?

Die Einheitlichen Ansprechstellen für Arbeitgeber wurden 2021 mit dem Teilhabestärkungsgesetz geschaffen (§ 185a SGB IX). Die Integrationsämter richten sie flächendeckend ein. Die Durchführung liegt regelmäßig bei freien Trägern, oft unter demselben Dach wie der Integrationsfachdienst. Für Arbeitgeber sind sie kostenlos, finanziert aus der Ausgleichsabgabe.
Ihre Funktion ist die des **Lotsen**, nicht des Leistungsträgers. Sie informieren und beraten Arbeitgeber zu Ausbildung, Einstellung und Beschäftigung schwerbehinderter Menschen, weisen den Weg zum jeweils zuständigen Träger und unterstützen bei der Antragstellung. Sie gewähren aber selbst keine Leistungen und führen keine Fallarbeit mit Beschäftigten. Das übernimmt der Integrationsfachdienst. Ausdrücklich sollen sie Arbeitgeber aktiv ansprechen, auch solche, die noch gar keine schwerbehinderten Menschen beschäftigen.
Damit verliert das »Zu kompliziert«-Argument seine Grundlage – eine Tür für alle Töpfe. Eingliederungszuschuss, Investitionsförderung, Minderleistungsausgleich und Probebeschäftigung lassen sich über die EAA sortieren, bevor irgendwo ein Antrag liegt.
Betriebsrat und SBV sollten die EAA dem eigenen Arbeitgeber aktiv empfehlen, etwa in der Personalplanung, in der Inklusionsvereinbarung und überall, wo Einstellungschancen an Bürokratieangst scheitern. Daneben stehen die Ansprechpartner bei den Kammern.
Der Merksatz lautet: Die EAA öffnet Arbeitgebern die Tür, durchgehen müssen sie selbst.

145. Hilft der technische Beratungsdienst bei der Arbeitsplatzgestaltung?

Ja, und dies kostenlos. Der technische Beratungsdienst (TBD) ist die Ingenieurabteilung des Integrationsamts und Ausdruck des Gebots geschulten Fachpersonals in § 185 SGB IX. Auch die Agentur für Arbeit unterhält einen eigenen. Er kommt in den Betrieb, analysiert den Arbeitsplatz, gleicht Anforderungen und Fähigkeiten ab und macht konkrete Gestaltungsvorschläge – vom höhenverstellbaren Arbeitstisch über Spezialsoftware bis

zum Maschinenumbau. Dazu kennt er den Hilfsmittelmarkt und begleitet die Umsetzung.
Seine zweite Rolle ist die des Gutachters im eigenen Haus. Seine Stellungnahmen tragen die Förderentscheide und die Bedarfsfeststellung der Arbeitsassistenz. Im Zustimmungsverfahren liefert er dem Integrationsamt die Antwort, ob ein Arbeitsplatz anpassbar ist. Wer seine Analyse früh einholt, verhandelt später mit einem amtlichen Gutachten in der Hand.
Die Einsatzfelder reichen weit: Einrichtung bei Neueinstellung, Rückkehr nach Erkrankung und BEM-Maßnahmen, leidensgerechte Anpassung und Umsetzung, Prüfung angemessener Vorkehrungen, Prävention vor der Eskalation; hinzu kommt die Schnittstelle zur Gefährdungsbeurteilung.
Angefordert wird der Dienst formlos über das Integrationsamt durch den Arbeitgeber, Betroffene oder die SBV. Die Inklusionsvereinbarung kann seine frühe Einbindung zur Regel machen.
Der Merksatz lautet: Der TBD übersetzt »geht nicht« in »geht so«; wer über Technik streitet, sollte erst ihn fragen.

O. Verfahren, Rechtsschutz und öffentlicher Dienst

146. Welcher Rechtsweg gilt im Zusammenhang mit Behinderungen wofür?

Drei Türen stehen offen, sortiert nach dem Streitgegenstand.
Zum Sozialgericht führt der Status: die GdB- und Merkzeichen-Feststellung samt Herabsetzung, die Gleichstellung gegen die Agentur für Arbeit und der Streit mit Rehabilitationsträgern um Teilhabeleistungen, jeweils nach dem Widerspruch. Das Verfahren ist gerichtskostenfrei, ein Anwalt nicht vorgeschrieben.
Zum Arbeitsgericht führt das Arbeitsverhältnis: Kündigungsschutzklage, Annahmeverzug, AGG-Entschädigung sowie Ansprüche auf Vorkehrungen und leidensgerechte Beschäftigung, alles im Urteilsverfahren. Die Rechte von SBV und Betriebsrat dagegen – etwa bei Behinderung der SBV-Arbeit, bei Kosten oder der Durchführung der Inklusionsvereinbarung – laufen im Beschlussverfahren.
Zum Verwaltungsgericht führt das Integrationsamt: die Klage gegen die erteilte oder versagte Zustimmung nach dem Widerspruchsausschuss und die Entziehung besonderer Hilfen (§ 200 SGB IX). Auch Beamte streiten dort, etwa um die Zurruhesetzung.
Zwei Koppelregeln verbinden die Wege. Das Arbeitsgericht ist an die bestandskräftige Zustimmung gebunden. Deshalb beide Verfahren parallel betreiben. Kommt die rückwirkende Statusfeststellung erst nach rechtskräftigem Urteil, bleibt die Restitutionsklage binnen Monatsfrist.

147. Welche Fristen sollte man im Zusammenhang mit Behinderungen zentral kennen?

Für Bescheide gilt eine Grundregel: Gegen jeden – Versorgungsamt, Agentur für Arbeit, Integrationsamt, Rehabilitationsträger – läuft der Widerspruch binnen **eines Monats** ab Bekanntgabe. Gegen den Widerspruchsbescheid folgt die Klage binnen eines weiteren Monats. Fehlt die Rechtsbehelfsbelehrung, verlängert sich die Frist auf ein Jahr.
Um die Kündigung gruppieren sich **dreimal drei Wochen**: Der Feststellungsantrag spätestens drei Wochen vor Zugang sichert den Schwebeschutz. Wer den Status nicht offengelegt hatte, beruft sich binnen drei Wochen gegenüber dem Arbeitgeber darauf. Für die Kündigungsschutzklage selbst gelten wieder drei Wochen. Die Arbeitgeberseite hat eigene Fristen: Soll-Monat des Integrationsamts und Monatsfenster für den Ausspruch, zweimal zwei Wochen bei der fristlosen Kündigung, Vier-Tage-Anzeige.
Beim AGG gilt eine **Doppelfrist**: Entschädigung und Schadensersatz sind schriftlich binnen zwei Monaten geltend zu machen (§ 15 Abs. 4 AGG) – ab Kenntnis, bei Bewerbungen ab Zugang der Ablehnung; die Klage folgt binnen drei Monaten ab Geltendmachung (§ 61b ArbGG). Es sind die kürzesten und am häufigsten verpassten Fristen dieses Buches.
Für SBV und Betriebsrat gilt: Anhörung eine Woche, bei der fristlosen Kündigung drei Tage; Anfechtung der SBV-Wahl binnen zwei Wochen; die Sechs-Wochen-Schwelle löst das BEM aus.

148. Wie läuft das Widerspruchsverfahren gegen Entscheidungen des Integrations-/Versorgungsamtes?

Das Grundmuster ist überall gleich: Widerspruch schriftlich binnen eines Monats ab Bekanntgabe **fristwahrend** einlegen, die Begründung darf nachfolgen. Die Ausgangsbehörde prüft die Abhilfe. Hilft sie nicht ab, ergeht der Widerspruchsbescheid, gegen den binnen eines weiteren Monats Klage möglich ist. Das Verfahren ist kostenfrei, ein Anwalt nicht nötig. Die SBV unterstützt dabei.
Beim Versorgungsamt (GdB, Merkzeichen) läuft das Vorverfahren nach dem Sozialgerichtsgesetz. Das stärkste Argument liefern aktuelle Befund-

berichte, daher die behandelnden Praxen einbinden und auf die Teilhabe-Auswirkungen im Alltag zuspitzen. Bei der Herabsetzung gilt eine Besonderheit: Der Widerspruch hat aufschiebende Wirkung, der Status bleibt bis zur Bestandskraft erhalten. Umgekehrt beim Widerspruch auf Aufstockung: Ein **Verschlechterungsverbot** gibt es nicht, die Behörde darf den GdB im Widerspruchsverfahren auch herabsetzen.
Beim Integrationsamt entscheidet der Widerspruchsausschuss (§ 202 SGB IX). Er ist pluralistisch besetzt – auch Vertreterinnen und Vertreter der schwerbehinderten Beschäftigten und der Arbeitgeber sitzen am Tisch – und prüft Recht und Ermessen in vollem Umfang nach. Bei der Zustimmung zur Kündigung aber hat der Widerspruch **keine aufschiebende Wirkung**; deshalb parallel die Kündigungsschutzklage führen.
Bei der Agentur für Arbeit, zuständig für Gleichstellung und Mehrfachanrechnung, entscheidet ein eigener Widerspruchsausschuss. Danach geht es zum Sozialgericht.

149. Was können Gremien und SBV tun, wenn der Arbeitgeber das Schwerbehindertenrecht dauerhaft missachtet?

Stufe eins ist die Dokumentation: jeden Verstoß schriftlich beanstanden – die SBV wacht über die Schutzvorschriften (§ 178 Abs. 1 SGB IX), der Betriebsrat über § 80 Abs. 1 BetrVG, der Personalrat über sein Personalvertretungsgesetz. Dann greifen die innerbetrieblichen Mittel: Thema ins Monatsgespräch und auf die Tagesordnung setzen, fehlerhaft beteiligte Beschlüsse aussetzen, Öffentlichkeit der Versammlung nutzen.
Stufe zwei erzwingt: Wo Mitbestimmungsrechte berührt sind (BEM-Verfahren, Gesundheitsschutz, Arbeitszeit, etc.), ruft der Betriebsrat initiativ die Einigungsstelle an; ihr Spruch ersetzt die Einigung. Konkrete Beteiligungs-, Unterrichtungs- und Kostenrechte setzen Betriebsrat und SBV im Beschlussverfahren durch, der Personalrat auf dem Verwaltungsweg. Bei Mitbestimmungsverletzungen hat der Betriebsrat nach ständiger Rechtsprechung einen allgemeinen Unterlassungsanspruch. Für die SBV ist ein solcher umstritten, ihre Beteiligungsansprüche sind aber einklagbar.

Stufe drei sanktioniert: Bei groben Verstößen kann der Betriebsrat Unterlassung, Duldung oder Vornahme mit Zwangsgeld erzwingen (§ 23 Abs. 3 BetrVG). Verstöße gegen Verzeichnis-, Anzeige- und Auskunftspflichten sind bußgeldbewehrt bis 10 000 Euro (§ 238 SGB IX); die Anzeige läuft über Integrationsamt oder Agentur für Arbeit. Bei Diskriminierung hilft zusätzlich die AGG-Beschwerde (§ 13 AGG).
Verbündete stehen bereit: Integrationsamt informieren, Integrationsfachdienst einbinden.

> **Praxistipp:**
> Dokumentieren – verhandeln – erzwingen – anzeigen. Jede Stufe trägt die nächste.

150. Welche Besonderheiten gelten für schwerbehinderte Beschäftigte und Beamte im öffentlichen Dienst?

Für Tarifbeschäftigte gilt das Buch eins zu eins – mit zwei Akzenten: Statt des Betriebsrats wirkt der Personalrat mit abgestuften Rechten mit. Darüber hinaus trifft öffentliche Arbeitgeber die Einladungspflicht des § 165 SGB IX: Schwerbehinderte Bewerber sind zum Vorstellungsgespräch einzuladen, außer die fachliche Eignung fehlt offensichtlich; die Nichteinladung ist ein starkes AGG-Indiz.
Beamte kennen keine Kündigung, sondern die Zurruhesetzung wegen Dienstunfähigkeit mit eigenen Schutzschichten: Vorrang anderweitiger Verwendung und begrenzter Dienstfähigkeit vor der Pensionierung, amtsärztliche Feststellung – und auch hier die SBV-Anhörung. Das BEM gilt ebenfalls, ist nach dem BVerwG aber keine formelle Wirksamkeitsvoraussetzung. Die §§ 168 ff. SGB IX greifen nicht, sodass der Rechtsweg zum Verwaltungsgericht führt.
Der Wegweiser nach innen: SBV samt Bezirks- und Hauptvertretungen der Stufen, Personalrat, Inklusionsbeauftragte; Richter und Staatsanwälte haben eigene Vertretungen. Nach außen: Versorgungsamt für den Status, Agentur für die Gleichstellung, Integrationsamt – auch im öffentlichen Dienst – für Kündigungsschutz und begleitende Hilfen, dazu IFD, EAA, technischer Beratungsdienst und die Widerspruchsausschüsse.

Die Schlussklammer: Die Werkzeuge sind im Kern dieselben – nur die Anlaufstellen heißen anders.

Stichwortverzeichnis

F

G

H

I

J

K